Los pequeños grandes detalles

Enrique Villareal Aguilar

Los pequeños grandes detalles

Hermosas parábolas que te ayudarán
a darle sentido a los valores de la vida

PANORAMA
superación

Los pequeños grandes detalles
Enrique Villarreal Aguilar

Tercera edición: Panorama Editorial, 2014

Manuel Ma. Contreras 45-B, Col. San Rafael
06470, México, D. F.

Teléfono: 55 54 70 30
e-mail: ventas@panoramaed.com.mx
www.panoramaed.com.mx

ISBN: 978-607-452-503-8

Impreso en México

Dedicatoria

A Dios:

Gracias, Señor, por darme la oportunidad de escribir y recopilar este libro y compartirlo con mis amigos; por vivir y disfrutar de la naturaleza, de mi familia y de un nuevo día.

A mi madre:

Ese ángel hermoso que formó de un niño un hombre, me enseñó a luchar por mis ideales y alcanzar mis sueños y estuvo en los momentos más importantes de mi vida. A ti, mamá, que siempre vivirás en mi corazón, aunque ya no estás con nosotros, dedico en forma muy especial este libro.

A mi esposa:

Gracias por hacerme recapacitar cuando cometo errores, por ser mi mejor amiga y una gran compañera en este camino por la vida, por darme la felicidad de un hijo y una de las sensaciones más hermosas de mi existencia, por ser como eres. Te quiero, Lety.

A mi hijo Luis Enrique:

Todavía eres muy pequeño para comprenderlo, pero si supieras la alegría que me das con tu ser, con esos pequeños detalles que sólo da la inocencia de un niño, estarías tan feliz como yo. A mi pequeño travieso, fuente de inspiración, luz de mi alegría.

Agradecimientos

La presente obra reúne las parábolas más bellas del mundo con base en un concepto muy particular. Las fuentes son diversas, por lo que quiero expresar mi gratitud a todos aquellos autores y editoriales que autorizaron incluir sus historias en este libro.

Índice

Introducción 11

La familia

Gritos y susurros 16
El mejor regalo 17
Papá, ¿cuánto ganas por hora? 19
Tu mejor esfuerzo 20
El niño y el mundo 22
El eco 24
Oración de un hijo 25
Mensaje de ayuda 26
Cómo echar a perder a un hijo 28
A mis padres 29
Ayúdame, papá, sólo soy un adolescente 31
¡Sólo tengo 17 años! 33
Amigo 35
Carta a mi hijo 37
Papá olvida 38

Ven, mi amor 41
Dios mío, ¿por qué a mí? 43
Con destino al cielo 45
Mi querido ángel 47
Si volviera a ser padre 49
Tres cosas de la vida 51

Superación personal

Canicas rojas 54
Depende de quién son las manos 57
El hombre común y el extraordinario 58
La maestra 60
En tus manos está 63
Valores 65
El pobre 66
En ti está, ¿águila o gallina? 68
Optimista o pesimista 69
Dime cómo ves a los demás y te diré quien eres 70
Las armas del diablo 72
¡Lo que el mundo necesita es amor! 73
Los consejos 74
Pide lo que quieras 76
Un encuentro con la muerte 77
Los ropajes 80
Comida gratis 81

Para ser feliz 82

El país de los sueños 84

El trabajo

Afile la sierra 88

Iniciativa en el trabajo 89

Los mandamientos del maestro 91

¿Porqué no se asciende? 93

Las razones de ser empresario 94

La práctica hace al campeón 95

Parábola de la educación 97

La preparación es el camino al éxito 98

La verdadera riqueza 99

Si fueran los últimos días de tu vida 101

Dios

Encuentro con un ángel 104

La tienda del cielo 106

¿Qué significa *mamá*? 107

La cena con Dios 109

Carta de Jesús 112

Mujer 113

Y Dios creó al hombre 116

Huellas 118

La Navidad 119

Ese ángel 122
¿Dónde vive Dios? 124
¡No te habías dado cuenta! 125
Hombre 126
¿Dónde ocultar a Dios? 128
El sueño de María 129
Escucha a Dios 131

Sobre el autor 134

Introducción

La palabra es el don más hermoso que Dios nos otorgó; por medio de ella expresamos gozo, ira, alegría, amor, desamor, éxito y una serie de sentimientos que le dan razón a nuestra existencia.

Esa misma palabra es con la que comparto, en un concepto muy particular, algunas de las parábolas o ilustraciones más hermosas del mundo.

La parábola, en un sentido gramatical, es una narración de la que se deduce una enseñanza moral; nos brinda una nueva experiencia que nos permite observar la vida mediante un panorama de optimismo, excelencia y amor. De esta manera, podemos crear las bases para alcanzar nuestros sueños. La parábola nos invita a reflexionar acerca de que fuimos hechos para ser felices y lograr nuestros ideales y, así, dar lo mejor de nosotros mismos y brindar a nuestros seres queridos todo el amor que encerramos en nuestro interior.

Está comprobado que la realización no se da en los que logran grandes fortunas y tienen un estatus de vida alto, sino en aquellas personas que logran una familia unida, se superan en sus trabajos y hacen de Dios su mejor amigo, sin importar cuál sea su riqueza, pues ellos saben que lo verdaderamente trascendente es ser felices con lo que tienen y que sus familiares y amigos también lo sean.

El libro está dividido en cuatro partes, las cuales, por medio de hermosas parábolas, nos harán reflexionar.

La primera está dedicada a la familia, la segunda a la superación personal, la tercera al trabajo y la cuarta a Dios. Sin duda alguna, las partes esenciales para alcanzar la realización.

Las parábolas tienen como fin hacernos meditar para alcanzar la excelencia y superación. Al reflexionar y razonar comprendemos que fuimos hechos para triunfar. En ellas se tocan las fibras más íntimas de nuestro interior, pues han sido escritas con el corazón.

¿Por qué se habla con parábolas?

Aquel día, intranquilo por los problemas cotidianos y a punto de una fuerte depresión, necesitaba que alguien me ayudara, que me ofreciera unas palabras de aliento, un momento de atención.

En eso, me habló Dios y me contó una historia preciosa que me llegó al corazón, proporcionándome la tranquilidad y serenidad que necesitaba.

—¡Qué bella historia! —manifesté— ¿Por qué me hablas a través de estas ilustraciones?

Y respondió con su voz serena y hermosa:

> —Hijo mío, porque a través de éstas conocerás los secretos sagrados del reino de los cielos, pero también de la vida. Si escuchas mi palabra, más se te dará y se te hará abundar, pero al que no la escuche y no tenga, hasta lo que posee le será quitado. Por ello, hablo usando ilustraciones, porque al mirar, miran en vano, y al oír, oyen en vano; no captan el sentido de ello. Porque el corazón de este pueblo está indispuesto a recibir y, con los oídos, han oído sin responder, y han cerrado los ojos para nunca ver con ellos; no captan el sentido de ello con el corazón para volverse y que yo los sane. Sin embargo, felices son los ojos de ustedes porque contemplan y sus oídos oyen.[1]

Por medio de mis ilustraciones intento tocarles el corazón para que miren el camino adecuado, oigan la palabra de amor que nos lleva al bien y observen lo hermoso de la vida para, así, ser verdaderos discípulos de Dios.

[1] *Mateo* 13, 10-23.

> Muchos profetas y hombres justos desearon ver las cosas que ustedes contemplan, pero no las vieron; y oír las cosas que ustedes oyen, pero no las oyeron.[2]

Sin embargo, somos bienaventurados porque las podemos ver y escuchar. Porque Dios nos hizo triunfadores, amables, bondadosos, alegres, respetuosos, y nos llenó de todas las virtudes; ¿qué acaso no te has dado cuenta?

Él desea que alcances las estrellas, luches por tus ideales, formes una familia con excelentes principios, ayudes al necesitado y prediques su palabra.

Porque sus hijos que se esfuerzan por cambiar al mundo para bien escuchan su palabra, la llevan a la práctica y dejan un mundo mejor al que encontraron, serán llamados: hijos de Dios.

> Por tanto, pondrás éstas mis palabras en tu corazón y en tu alma [...] Y las enseñarás a tus hijos, hablando de ellas, cuando te sientes en tu casa, cuando andes por el camino, cuando te acuestes y cuando te levantes, y las escribirás[...].[3]

2 *Ibid,* 17.

3 *Deuteronomio* 11, 18-20.

La familia

Quien forma una gran familia
forja una gran nación.
ENRIQUE VILLARREAL AGUILAR

Gritos y susurros

Un día un maestro preguntó a sus alumnos lo siguiente:

—¿Por qué las personas se gritan cuando están enojadas?

Los hombres pensaron unos momentos:

—Porque perdemos la calma —dijo uno—, por eso gritamos.

—Pero, ¿por qué gritar cuando la otra persona está a tu lado? —preguntó el maestro—. ¿No es posible hablarle en voz baja? ¿Por qué gritas a una persona cuando estás enojado?

Los hombres dieron algunas otras respuestas, pero ninguna de ellas dejó satisfecho al maestro. Finalmente, él explicó:

—Cuando dos personas están enojadas, sus corazones se alejan mucho. Para cubrir esa distancia deben gritar, para poder escucharse. Mientras más enojados estén, más fuerte tendrán que gritar para escucharse uno a otro a través de esa gran distancia.

Luego el maestro preguntó:

—¿Qué sucede cuando dos personas se enamoran? Ellos no se gritan sino que se hablan suavemente... ¿Por qué? Porque sus corazones están muy cerca. La distancia entre ellos es muy pequeña.

"Cuando se enamoran aún más, ¿qué sucede? No hablan, sólo susurran y se acercan más en su amor. Finalmente, no necesitan ni siquiera susurrar. Sólo se miran y eso es todo. Así es, ¡cuán cerca están dos personas cuando se aman!

"Cuando discutan no dejen que sus corazones se alejen. No digan palabras que los distancien más. Llegará un día en que la distancia sea tanta que no encontrarán más el camino de regreso."

Cuento chino

El amor debe imperar en la comunicación, pues es el elixir de las familias felices; no permitas que el resentimiento te aleje de las personas que amas ni que falsos rencores entablen en tu existir una barrera que infunde el resentimiento y la amargura. Deja que tu corazón hable y tus buenos sentimientos te encaminen hacia el sendero de la paz, dicha y felicidad.

El primer día que empiezas a odiar a otros también se convierte en el día en que te amas menos a ti mismo.

Enrique Villarreal Aguilar

El verdadero amor no necesita ser expresado con palabras.

Sentencia

Sólo si amas serás feliz, y sólo amarás si eres feliz.

Anthony de Mello

El mejor regalo

¡Hola, mami!

Desde hace algunos meses estoy en tu cuerpo y últimamente he sentido cambios en el mío, tal vez porque me he desarrollado. Ahora todas las partecitas de mi cuerpo están formadas dentro de tu hermoso vientre: mis manitas, bracitos y cabecita; todo.

Aunque tú no sepas si soy niño o niña, ¡yo sé que soy! Y te necesito más que nunca, cada vez estoy más unido a ti.

Mis ojos ya observan tu rostro y, ¿sabes?, eres muy bella; pero también ven el mundo externo, porque escucho y siento todo lo que me dicen. Por eso, a veces me entristezco, porque necesito que me hables para saber que me quieres.

Preciso de tu afecto por medio de una leve presión en tu vientre: eso me hace sentir radiante. Me gusta la música y me reconforta; cuando nazca reconoceré tu voz y las melodías que escuchábamos. Saber que tú me proteges me fortalece y brinda seguridad.

Cuando te enojas estoy triste, pero cuando estás feliz soy el bebé más dichoso del mundo; siento lo que tú sientes, por eso, trata de permanecer siempre serena y contenta.

Cuando papi y tú discuten, una lagrimita escurre por mis ojitos; pero cuando se abrazan y besan, el amor circula por mis venas.

Por favor, ¡aliméntate bien, mami!, quiero crecer sano y fuerte para ser tu orgullo.

Desde ahora yo aprendo lo que tú hagas y digas, pero nunca lo que tú no hagas o no digas.

Enséñame a conocer y amar a Dios, pues Él es amor y de este sentimiento se alimenta mi alma.

Sé que tienes muchas alteraciones en tu cuerpo, pero muy pronto estaré a tu lado para resarcir con amor tus desvelos; para quererte, besarte y decirte una de las palabras más bellas del mundo: *mamá*.

Yo soy un regalo de Dios... ¡el mejor regalo!

Enrique Villarreal Aguilar

Lo más importante en la vida es la alegría de tener un hijo; por medio de él, se experimentan sensaciones hermosas e indescriptibles. Desde que es concebido, el niño siente e imita nuestra personalidad y todo lo que hagamos o digamos será parte de la suya. ¿Qué acaso no vale la pena esforzarnos por ser mejores día con día?

> Un bebé es la opinión de Dios de que la vida debe continuar.
>
> Carl Sandburg

> La máxima creación humana no se compara al prodigio divino de una mujer dando a luz a un nuevo ser.
>
> Miguel Ángel Buonarroti

El amor no mira con los ojos, sino con el espíritu.

William Shakespeare

El amor es el principio de todo, la razón de todo, el fin de todo.

Juan Bautista Enrique Lacordaire

Papá, ¿cuánto ganas por hora?

—Papi, ¿cuánto ganas por hora? Con voz tímida y ojos de admiración, un pequeño recibía así a su padre al término de su trabajo.

El padre dirigió un gesto severo al niño y repuso: —Mira, hijo, esos informes ni tu madre los conoce. No me molestes, estoy cansado.

—Pero, papá —insistía el pequeño—, dime, por favor, cuánto ganas por hora.

La reacción fue menos severa, el padre sólo contestó:

—Ochocientos pesos por hora.

—Papi, ¿me prestarías 400 pesos? —dijo el pequeño.

El padre, muy enojado y tratando con brusquedad al hijo, le dijo:

—Así que esa es la razón de saber cuánto gano. Vete a dormir y no me molestes, ¡muchacho aprovechado!

Había caído la noche, el padre había meditado sobre lo sucedido y se sentía culpable. ¡Tal vez su hijo necesitaba algo!

En fin, como quería descargar su conciencia dolida, se asomó al cuarto del niño. Con voz baja preguntó:

—¿Duermes, hijo?

—Dime, papá —respondió el niño.

—Aquí tienes el dinero que me pediste —respondió el padre.

—Gracias, papá —contestó el pequeño—, y metiendo su manita bajo su almohada, sacó unos billetes y dijo:

Ahora ya completé, papi, ¡tengo ochocientos pesos! ¿Me podrías vender una hora de tu tiempo?

Anónimo

¿Administramos el tiempo para realizar lo importante de la vida o éste nos administra a nosotros?

Estamos en la primera posición, no en la segunda, cuando tenemos tiempo para platicar con nuestros hijos, convivir con ellos, salir con nuestra familia, desempeñarnos eficazmente en nuestro trabajo sin que nos absorba y asistir a reuniones sociales sin dejar nada pendiente. ¿Usted en cuál posición está?

> Si amas la vida economiza tiempo, porque de tiempo está hecha la vida.
>
> Benjamin Franklin

> Mi misión es matar el tiempo, pero la misión del tiempo es matarme a mí [...].
>
> Emil Cioran

> El tiempo es como un río. Tan pronto como vemos una cosa, es arrastrada por él y otra ocupa su lugar, que a su vez no tarda en desaparecer.
>
> Marco Aurelio

Tu mejor esfuerzo

En cierta ocasión un señor estaba podando el jardín de su casa y a unos cuantos metros observó que había una piedra muy grande. Al ver a su hijo jugar, le pidió ayuda y señalando le dijo:

—Hijo, ¿puedes mover, por favor, aquella piedra que está en la esquina de nuestro jardín? —y el niño, con agrado, al saber que iba a ayudar a su papá, contestó que sí.

Presuroso por esta importante tarea se acercó a la piedra y la empujó con sus manitas. Como no la podía mover, le dijo a su papá:

—Papá, no puedo mover la piedra.

Y el papá le respondió:

—Hijo, haz tu mejor esfuerzo.

Después de estas palabras, el niño, con nuevos bríos, trató de empujar la piedra con su cuerpecito. Al saber que su esfuerzo era en vano, una vez más le dijo a su papá:

—Papá, no puedo mover la piedra.

Y el papá le respondió:

—Hijo, haz tu mejor esfuerzo.

El niño se puso a pensar y se le ocurrió una idea, fue por una palanca y trató de mover la piedra; al mirar que ni así podía moverla, se dirigió a su papá enjugando sus lágrimas con sus manitas.

Al verlo así, el papá, en un tono de ternura y a punto de darle una gran lección, le expresó:

—Hijo, te dije que hicieras tu mejor esfuerzo.

Y el niño le cuestionó:

—¿Cómo, papá?

—Tu mejor esfuerzo radica en pedir ayuda y no me la pediste.

Cuando no puedas hacer algo, después de muchos intentos, realiza tu mejor esfuerzo.

Anónimo

La persistencia sumada a la acción es el único camino que nos conduce al éxito, pero los caminos tienen atajos y, para llegar a ellos, preguntar ¿cómo? o ¿por dónde? nos evitará muchos tropiezos. La experiencia nos da la visión para elegir de la vida el mejor camino y lograr nuestros objetivos; después de muchos intentos por realizar algo, hagamos nuestro mejor esfuerzo y preguntemos a quien realmente sabe.

Nunca te rindas, nunca, nunca, en nada, sea grande o pequeño, valioso o insignificante, nunca te rindas.

Winston Churchill

Querer es elegir una meta, determinar el curso de la acción para llegar a ella y entonces persistir en esa acción hasta alcanzarla. La clave está en la acción.

Michael Hanson

Distinguimos al hombre sobresaliente del hombre común al decir que el primero es aquel que se exige mucho de sí, y el segundo es aquel que no se exige nada.

José Ortega y Gasset

El niño y el mundo

Un niño de seis años atosigaba a su papá para que fuera a jugar con él, repitiéndole a cada instante:

—Vamos a jugar, papá, por favor, vamos a jugar.

El papá, un tanto molesto por esta situación, pensó en algo para quitarse al niño de encima; al hojear su periódico encontró la figura de un mundo, recortó la página y pensó: "Voy a recortar el mundo en pedacitos y después pondré al niño a que lo arme, como él no sabe todavía la situación geográfica del planeta, seguro no podrá armarlo y mientras seguiré leyendo mi periódico".

Conforme a su plan, llamó a su hijo y le dijo:

—Bien, hijo, recorté este mundo para ti, lo voy a partir en pedazos y tú lo vas a armar. Cuando termines, jugamos.

El niño sonrió y se fue a armar el mundo.

El papá se quedó contento al pensar que su hijo tardaría mucho si realizaba lo encomendado. A los tres minutos se llevó una gran sorpresa cuando el niño se aproximó a él y le dijo:

—Ya está armado el mundo.

—¿Y cómo le hiciste, hijo? —preguntó el papá.

—Fue fácil: detrás del mundo había un hombre, lo compuse y automáticamente se arregló.

Anónimo

El primer paso para que cambie el mundo es cambiar nosotros mismos. De las actitudes que tengamos hacia el destino dependerá nuestro futuro. Si queremos un mundo ideal, tendremos que comportarnos como gente ideal, pero jamás podremos aspirar a lo mejor si no cambiamos para ser lo mejor.

> El mundo es un espejo y le devuelve a cada hombre el reflejo de su propio rostro.
>
> William Makepeace Thackeray

> Los seres humanos, al cambiar las actitudes internas de su mente, pueden cambiar los aspectos externos de su vida.
>
> William James

> Me di cuenta que el problema era yo, y que nadie podía hacerme cambiar, excepto yo mismo.
>
> John Petworth

El eco

Caminaban papá e hijo por una gruta mientras observaban lo hermoso de las maravillas de la naturaleza.

Repentinamente se escuchó un grito, y, como respuesta, surgió el eco.

El niño, curioso, le preguntó a su papá:

—¿Qué es eso?

Y el papá respondió:

—Es el eco.

El niño volvió a cuestionar.

—¿Y qué es el eco?

El papá, pensativo, para darle una lección a su hijo, respondió:

—El eco es la respuesta de la vida. Mira, hijo, grita *feo*.

El niño gritó *feo*; y el eco respondió *feo eo eoooo* hasta que se perdió el sonido.

—Ahora, *mal*.

El niño gritó *mal*; y el eco respondió *mal al al allll* hasta que se perdió el sonido.

—Ahora, *bonito*.

El niño gritó *bonito*. Y el eco respondió *bonito ito ito ito totoooo* hasta que se perdió el sonido.

—Ahora di *bien*.

El niño gritó *bien*.

El eco respondió *bien ien en enn*.

El papá interrumpió el sonido y le dijo a su hijo:

—¿Ves, hijo? El eco es la respuesta de la vida; como tú le hablas, ella te responde.

Anónimo

El eco y la vida tienen muchas semejanzas. Ambos le darán una respuesta a su expresión; sólo que el eco responderá repitiendo sus palabras, y la vida responderá repitiendo sus actos; de tal manera que todo lo que se haga, tarde o temprano, como un bumerán, se regresará.

> La vida es un patrón justo, nos entrega remuneraciones en función de lo que le entreguemos.
>
> Juan de Dios Legorreta

> Dime cuáles son tus sueños, cuáles tus acciones y te diré qué te depara la vida.
>
> Enrique Villarreal Aguilar

> Encontrar satisfacción en la vida no depende de los años, sino de la voluntad.
>
> Michel Eyquem de Montaigne

Oración de un hijo

¡Dios mío!, conviérteme en televisor para que mis padres me escuchen con el mismo interés con que lo escuchan, para que atiendan mis necesidades con la misma urgencia con la que llaman al técnico cuando el televisor se descompone, y para que mi mamá se preocupe porque yo llegue a la escuela con la misma puntualidad con la que ella lo enciende diariamente para ver su telenovela favorita.

Quisiera que hubiera más presencia de Dios en mi hogar.

Ojalá que en mi hogar todos hagamos conciencia y no permitamos que el televisor sea un separador de la familia.

Anónimo

Los hijos son el motivo más bello de nuestra existencia, por medio de ellos, experimentamos las sensaciones más hermosas e indescriptibles. Son una extensión de nuestra tarea en la Tierra como padres y otro camino hacia la realización. Ellos requieren que les dediquemos nuestro tiempo, amor y concentración para que el día de mañana sean no sólo nuestro orgullo, sino el del mundo.

> Todos somos ángeles de una sola ala. Y sólo podemos volar si nos abrazamos unos a otros.
>
> LUCIANO DE CRESCENZO

> La más hermosa amistad que se puede dar es entre un padre y sus hijos.
>
> ANÓNIMO

> Los niños no tienen pasado ni futuro. Por eso gozan del presente, cosa que rara vez nos ocurre a nosotros.
>
> LA BRUYÈRE

Mensaje de ayuda

Un padre que ya estaba desesperado porque sus dos pequeños hijos siempre peleaban y nunca se ayudaban en nada, decidió llamarles para hacerles el siguiente comentario:

—Hijos, vengan, ¿ven esto? Son cuatro lápices, cada uno representa a papá, mamá, a ti, hija, y a ti, hijo. Por favor, cada quien rompa su lápiz.

Y efectivamente cada quien rompió su lápiz; primero el niño, después la niña, la mamá y el papá.

Al terminar les volvió a decir:

—Ahora tomen otros lápices y, tú, hija, dale tu lápiz a tu hermano.

Junta los dos y trata de romperlo, hijo.

Y el niño, con mayor dificultad, pudo romperlos.

Y volvió a expresar el papá:

—Ahora, hijo, toma tres lápices.

Y el niño, todavía con mayor dificultad, pudo romperlos.

—Ahora, hijo, toma cuatro lápices, señaló.

Y el niño, por más esfuerzos que hacía, no pudo romperlos.

Y el papá concluyó diciendo:

—¿Se fijan, hijos? Nosotros somos como los lápices. Solos somos vulnerables; pero cuando nos ayudamos y estamos juntos, nadie puede hacernos daño.

La unión hace la fuerza.

Esopo

Sólo juntos podemos alcanzar el fin que perseguimos. Los grandes personajes de la historia no habrían hecho nada si no se hubieran unido con sus seguidores. Por ejemplo, Cristóbal Colón no hubiera descubierto América sin sus marineros ni Napoleón conquistado naciones sin soldados. Unidos tendremos una mayor fuerza para conquistar la cima.

Cualquier poder si no se basa en la unión es débil.

La Fontaine

Si no cooperamos juntos, tendremos que estirar separadamente.

Benjamin Franklin

Cómo echar a perder a un hijo

1. Comience por dar a su hijo, durante la infancia, todo lo que él quiera; así crecerá con la falsa idea de que todo mundo tiene que servirle.
2. Cuando aprenda malas palabras, celebre su *chiste*; así creerá que es *muy gracioso* y lo estimulará a aprender otras groserías que lo sacarán a usted de quicio en unos años más.
3. Nunca le dé educación espiritual, espere a que su niño cumpla 21 años para que *decida por sí mismo*.
4. Evite usted el uso de la palabra *malo* o *pecado*, podría crearle un complejo de *culpabilidad*.
5. Recoja todo lo que él deja tirado: libros, zapatos, ropa, para que aprenda bien a dejar toda responsabilidad a los demás.
6. Permita que lea historietas, noveluchas, pornografía y cuanta cosa caiga en sus manos; así su cerebro, lleno de inmundicia, se desarrollará sin prejuicios.
7. Tenga demasiadas *juntas* por las noches y riña con su cónyuge en presencia de sus hijos; así éstos no sentirán el *terrible choque* cuando sobrevenga el divorcio o separación.
8. Dé todo el dinero que le pida y cumpla sus caprichos; al negárselos, podría crearle un complejo de *frustración*.
9. Póngase siempre de su parte, contra los vecinos, profesores y, cuando venga el caso, contra la policía; todas estas personas le tienen *mala voluntad* a su hijo.
10. Nunca se preocupe por darle un buen ejemplo, y cuando alguien le busque a usted y no quiera ser interrumpido, pida que les diga que *no está* para que desde pequeño aprenda a salir de apuros.

Luego de seguir estas instrucciones, prepárese para una vida de tranquilidad. *Usted se la merece.* Y cuando su niño sea un delincuente, apresúrese a exclamar: "¿Qué pecado habré cometido, Dios mío, para merecer esto?"

Departamento de policía de Houston, Texas

De la educación que le demos a nuestros hijos depende su porvenir, por lo que nos tenemos que preocupar por saber ¿cómo estoy educando a mi hijo?, ¿acaso le proporciono los elementos necesarios para hacer de él un triunfador o estoy creando una persona mediocre? Más vale corregir en tiempo a nuestros hijos para que sean personas de éxito, que solaparles todo y lograr que fracasen en la vida.

> Instruye al niño en su camino, y aun cuando fuere viejo no se apartará de él.
>
> *Proverbios* 22,6

> El que detiene el castigo a su hijo lo aborrece; más el que lo ama desde temprano lo corrige.
>
> *Proverbios* 13,24

> La sonrisa de un niño es como el inicio de un día radiante, en donde todo es luz, color y plenitud.
>
> Roland Leonhardt

A mis padres

Papá y mamá, les escribo esta carta pensando en mi futuro, por favor, tómenla en cuenta, de ella depende mi porvenir.

No me den todo lo que les pida, a veces, sólo lo hago para ver hasta cuánto puedo obtener.

No me den siempre órdenes; si en vez de esto, a veces me pidieran las cosas, yo las haría más rápido y con gusto.

Cumplan las promesas buenas o malas, si me prometen un premio, dénmelo; pero también si es un castigo.

No me comparen con nadie, en especial con mi hermano o hermana. Si me haces lucir peor que los demás, entonces seré yo quien sufra.

No corrijas mis faltas delante de nadie; enséñenme a mejorar cuando estemos solos.

No me griten, los respeto menos cuando lo hacen y me enseñan a gritar a mí también, y yo no quiero hacerlo.

Déjenme valer por mí mismo; si hacen todo por mí, yo nunca aprenderé.

No digan mentiras delante de mí ni me pidan que las diga por ustedes, aunque sea para sacarlos de un apuro. Me hacen sentir mal y perder la fe en lo que dicen.

Cuando yo hago algo malo, no me exijan que les diga porqué lo hice, mejor enséñenme a admitir mis equivocaciones.

No me digan que haga una cosa si ustedes no la hacen. Yo aprenderé y haré siempre lo que ustedes hagan, aunque no lo digan, pero nunca lo que digan y no hagan.

Enséñenme a conocer y amar a Dios, de nada vale si yo veo que ustedes no lo aman ni conocen.

Cuando les cuente un problema mío, no me digan: "no tengo tiempo para boberías" o "eso no tiene importancia", traten de comprenderme y ayudarme.

Y quiéranme y díganmelo, a mí me gusta oírselo decir, aunque ustedes no lo crean necesario.

Tu hijo.

Anónimo

Dicen que *la palabra convence, pero el ejemplo arrastra*, por eso, tenemos que ser un digno prototipo para nuestros hijos, pues sólo así van a crecer seguros de sí mismos. ¿Cómo puedo prohibir algo que yo hago?

De comprensión, amor y ejemplo se forjan los grandes idealistas del mañana, y con ellos va nuestra felicidad.

El secreto de la felicidad es éste: que tus intereses sean tan amplios como sea posible, y tus reacciones hacia las cosas y personas que te interesen sean lo más amigables que puedas en vez de hostiles.

Bertrand Russell

Sé feliz. Es la única manera de ser sabio.

Sidonie-Gabrielle Colette

He cometido el peor de todos los pecados que un hombre puede cometer. No he sido feliz.

Jorge Luis Borges

Ayúdame, papá, sólo soy un adolescente

Querido padre:

Últimamente los malentendidos nos están separando; aquel niño que antes cargabas entre tus brazos es ahora un adolescente al que ya no le gusta que lo traten como un bebé. Sin embargo, preciso de tu afecto, amor y comprensión para que me auxilies a solucionar, como amigo, aquellos problemas que aunque parezcan simples no dejan de ser mis problemas.

¿Sabes? Soy una persona con sentimientos; cuando mamá y tú discuten, experimento una gran tristeza en mi alma, ésta me brinda inseguridad y temo que el día de mañana pase lo mismo en mi matrimonio. Por favor, no debatan delante de mí, espero que siempre se amen y respeten uno al otro.

Sé que mi hermano obteniene mejores calificaciones que yo, pero no soy un tonto, como a veces sueles decir. Te prometo que voy a realizar mi mejor esfuerzo y, si después yo lo superara a él, no tengas predilección por ninguno, trátanos por igual. Ambos necesitamos el mismo afecto.

No me castigues frente a mis amigos, porque me humillas ante ellos y yo también tengo orgullo. Cuando los invite a la casa sé amable, te lo ruego, y ayúdame a elegir mis amistades.

La edad que vivo me desconcierta y, constantemente, estoy indeciso, en realidad, a veces no sé distinguir lo bueno de lo malo, aunque trate de aparentar seguridad. Bríndame tu apoyo y responde mis dudas. ¿Quién, sino tú, puede ser mi mejor amigo?

Sé que a veces tienes mal carácter, pero yo no tengo la culpa de tus problemas; por favor, no me grites "porque sí" ni me castigues por ello.

Si no quieres que mienta, no me enseñes a mentir. Yo sigo aprendiendo de ti y la imagen que me proyectes es la misma que obtendré cuando sea un adulto.

Instrúyeme en mi camino y enséñame a conocer y amar a Dios, pues sé que por medio de Él alcanzaré la realización.

Me agrada que me digas *te quiero*, aunque seamos hombres; a mí no me avergüenza decírtelo: *te quiero, papá.*

Te quiero, papá, y, me haces mucha falta. Te quiero porque das lo mejor de ti para sacarme adelante. Porque me brindas seguridad y todo el amor, aunque a veces no lo quieras aparentar.

Te quiero, papá, y, aunque en estos momentos enjugo mis lágrimas, te lo dice aquel pequeñito que ahora es sólo un adolescente.

Enrique Villarreal Aguilar

La mocedad es una etapa muy difícil para el hombre; no eres adulto ni eres niño. Tienes sueños de hombre, pero reacciones de niño. La empatía juega un papel importante para ser un buen padre; hay que comprender a nuestros hijos adolescentes y guiarlos para alcanzar el sendero de la sensatez ofreciéndoles todo nuestro cariño.

Ser joven es tener temple en la voluntad, calidad y altura en la imaginación y vigor en las emociones.

SAMUEL ULLMAN

Ser siempre joven es la expresión más sublime de la presencia de Dios.

MIGUEL ÁNGEL CORNEJO Y ROSADO

Todo hombre joven debería tener un hobby. Aprender a manejar el dinero es el mejor.

JACK HURLEY

¡Sólo tengo 17 años!

El día de mi muerte fue tan común como cualquier día de clases. Hubiera sido mejor que regresara como siempre en el autobús, pero me molestaba el tiempo que tardaba en llegar a casa.

Recuerdo la mentira que le conté a mamá para que me prestara su automóvil; entre los muchos ruegos y súplicas, dije que todos mis amigos manejaban y que lo consideraría como un favor especial si me lo prestaba.

Cuando sonó la campana de las 2:30 h de la tarde para salir de clases, tiré los libros al pupitre porque estaría libre hasta el otro día a las 8:40 h de la mañana; corrí eufórico al estacionamiento a recoger el auto, pensando sólo en que lo manejaría a mi libre antojo.

¿Cómo sucedió el accidente? Eso no importa. Corría a exceso de velocidad, me sentía libre y gozoso disfrutando el correr del auto. Lo último que recuerdo es que rebasé a una anciana, pues me desesperó su forma tan lenta de manejar.

Oí el ensordecedor ruido del choque y sentí un tremendo sacudimiento. Volaron fierros y pedazos de vidrio por todas partes, sentía que mi cuerpo se volteaba al revés y escuché mi propio grito.

De repente desperté, todo estaba muy quieto y un policía estaba parado junto a mí. También vi a un doctor. Mi cuerpo estaba destrozado y ensangrentado, con pedazos de vidrio encajados por todas partes; cosa rara, no sentía ningún dolor.

¡Hey! No me cubran la cabeza con esa sábana, ¡no estoy muerto! Sólo tengo 17 años, además, tengo una cita por la noche. Todavía tengo que crecer y gozar una vida encantadora... ¡no puedo estar muerto!

Después me metieron a una gaveta. Mis padres tuvieron que identificarme. Lo que más me apenaba es que me vieran así, hecho añicos.

Me impresionaron los ojos de mamá cuando tuvo que enfrentarse a la más terrible experiencia de su vida. Papá envejeció de repente cuando le dijo al encargado del anfiteatro: "Sí, ése es mi hijo".

El funeral fue una experiencia macabra. Vi a todos mis parientes y amigos acercarse a la caja mortuoria. Pasaron uno a uno con los ojos entristecidos; algunos de mis amigos lloraban, otros me tocaban las manos y sollozaban al alejarse.

¡Por favor, alguien que me despierte! Sáquenme de aquí, no aguanto ver a papá y mamá inconsolables. La aflicción de mis abuelos apenas les permite andar; mis hermanas y hermanos parecen muñecos de trapo.

Pareciera que todos están en trance. Nadie quiere creerlo, ni yo mismo. ¡Por favor, no me pongan en la fosa! Te prometo, Dios mío, que si me das otra oportunidad seré el más cuidadoso del mundo al manejar. Sólo quiero una oportunidad más.

¡Por favor, Dios mío, sólo tengo 17 años!

Anónimo

La juventud es un periodo de vida de retos y oportunidades, pero también lo puede ser de fracaso y frustración. Enseñemos ahora a los jóvenes el camino adecuado hacia el éxito; tal vez, el día de mañana no tengamos tiempo para ello. Recordemos aquellas hermosas palabras que vienen en la Biblia (*Proverbios* 22,15): "La necedad está ligada al corazón del muchacho, mas la vara de la corrección la alejará de él".

> Los pecados de la juventud se pagan en la vejez.
>
> Proverbio latino

> La infancia es ignorante; la mocedad, ligera de cascos; la juventud temeraria y la vejez malhumorada.
>
> Fray Luis de Granada

Amigo

Papá e hijo, alegres por un bosque, ambulaban de la mano observando y escuchando la armonía de la naturaleza, cuando de súbito el pequeño le preguntó a su padre.

—Papi, ¿qué es un amigo?

El papá, en un tono claro y templado, le respondió:

—Pequeñito, hay ocasiones en la vida en las que estás enfermito, triste, melancólico o simplemente te encuentras en un momento crítico, de ésos que nunca faltan, y un amigo estará a tu lado expresándote: "Ya, ya, no te preocupes vas a estar bien, yo te voy a ayudar".

Un amigo es aquella persona que sin manifestarle una palabra entiende tu mensaje de alegría, frustración, dicha o ganas de estar simplemente solo y, con una sola mirada, te comprende.

Cuando obtienes un logro en la vida, es el primero en felicitarte y motivarte para alcanzar muchos más.

Sin embargo, cuando tomas una mala decisión, él se enfrentará a ti para hacerte recapacitar.

Un amigo está contigo cuando todos te han abandonado; te apoyará, te hará compañía y llenará con su amistad aquellos huecos vacíos que quedaron en tu vida.

Un amigo es ese ser inseparable que, como un alma gemela, siempre estará a nuestro lado para impulsarnos, comprendernos, motivarnos, ayudarnos, brindándonos su amistad; el cual nos mandó Dios para hacer la vida más placentera.

Interrumpiendo las palabras de su padre, el hijo manifestó:

—Entonces, papi, tú eres mi mejor amigo, te quiero mucho.

Y, como agradecimiento, se lanzó con sus bracitos al cuello de su padre, ofreciéndole un beso en la mejilla.

Después de esto ambularon por el bosque en silencio, ambos felices: el hijo porque había encontrado a su mejor amigo; el padre, con los ojos humedecidos, porque llevaba la felicidad a su lado.

Enrique Villarreal Aguilar

La verdadera riqueza de la vida nos la proporciona Dios por medio de nuestros hijos, pero la verdadera riqueza para ellos es tener unos padres que sean sus mejores amigos. Se dice que *quien encuentra un amigo encuentra un tesoro*; pero cuando ese amigo es alguno de los padres, la riqueza es incalculable.

> Un hermano puede no ser un amigo, pero un amigo será siempre un hermano.
>
> Benjamin Franklin

> Si en algo te interesa tu reputación, procura que tus amigos sean personas distinguidas, pues vale más estar solo que mal acompañado.
>
> George Washington

> La única rosa sin espinas es la amistad.
>
> Madeleine de Scudéry

Sé lento en la elección de un amigo, y aún más lento en cambiarlo.

Benjamin Franklin

Carta a mi hijo

Hijo:

Ayer al ir a casa malhumorado, después de una ardua jornada de trabajo y con la firme intención de llegar a mi hogar, no encontraba una razón para sentirme satisfecho.

Hicieron que ofendiera a decenas de personas con el claxon mi mal carácter o actitud, esa idea absurda de conducir a una alta velocidad sin saber porqué, combinada con un congestionamiento de tráfico y un estrés incomprensible. Debido a ese carácter incontrolable, al encontrarme con mis amigos no me digné a dirigirles el saludo; el agobio estaba haciendo presa de mí.

Al entrar a casa, escuché tu llanto: y, cosa extraña, todo ese mal humor desapareció; lejos de ponerme iracundo, se me alegró el corazón. Comprendí que no había razón de mis enojos, sino que, a la inversa, el destino me proporcionó el mejor regalo: una criaturita que le dio paz a mi alma y otra razón para dar gracias a Dios.

Entendí que mi actitud y postura ante la gente eran erróneas.

¿Quién, sino un bebé, es la expresión más sublime de la presencia de Dios? Fuiste creado para otorgarnos amor y ternura, para despertar ideales, para pugnar por cumplir nuestros sueños y tener fe y esperanza de un futuro promisorio.

Al llegar a ti, pensé en aquel pequeño que el día de mañana correrá por los pasillos de la casa con el pelo desgreñado, jugando con los anfibios, con una paleta en el bolsillo que manche su ropita, comiendo dulces a granel, brincando sobre los muebles, haciendo enojar a mami y llenando de alegría nuestro hogar.

Al observarme, tu respuesta fue una hermosa sonrisa, que le dio paz y alegría a mi alma, a pesar de tener tan sólo 14 días de existencia. Un fuerte impulso me llevó a abrazarte, darte un beso en la mejilla y expresarte: "Hijo, mi pequeño hijo".

Enrique Villarreal Aguilar

Hay momentos en los que creemos no tener motivos para seguir adelante, pero analiza tu interior y siempre habrá alguien lo suficientemente importante para darle razón a tu existencia y un ideal para luchar en la vida: ¡Encuéntralos!

> Por tus frutos te reconocerán.
>
> *Mateo* 7, 20

> Lo que siembres en la vida lo cosecharás. Sembramos nuestros pensamientos y cosechamos nuestras acciones. Sembramos nuestras acciones y cosechamos nuestros hábitos. Sembramos nuestros hábitos y cosechamos nuestro carácter. Sembramos nuestro carácter y cosechamos nuestro destino.
>
> Anónimo

Papá olvida

Escucha, hijo:

Voy a decirte esto mientras duermes, tu manita está metida bajo la mejilla y los rubios rizos pegados a tu frente humedecida.

He entrado solo a tu cuarto. Hace unos minutos, mientras leía mi diario en la biblioteca, sentí una ola de remordimiento que me ahogaba. Culpable, vine junto a tu cama.

Esto es lo que pensaba, hijo: me enojé contigo. Te regañé cuando te vestías para ir a la escuela, porque apenas te mojaste la cara con una toalla. Te regañé porque no te limpiaste los zapatos. Te grité porque dejaste caer algo al suelo.

Durante el desayuno te regañé también. Volcaste las cosas. Tragaste la comida sin cuidado. Pusiste los codos sobre la mesa. Untaste demasiado el pan con mantequilla.

Y cuando te ibas a jugar y yo salía a tomar el tren, te volviste, me saludaste con la mano y me dijiste: "¡Adiós, papito!", y yo fruncí el entrecejo y te respondí: "¡Ten erguidos los hombros!".

Al caer la tarde, todo empezó de nuevo. Al acercarme a casa te vi, de ladillas, jugando en la calle. Tenías agujeros en las medias.

Te humillé ante tus amiguitos al hacerte marchar a casa delante de mí. "Las medias son caras, y si tuvieras que comprarlas tú, serías más cuidadoso". Pensar, hijo, que un padre diga eso.

¿Recuerdas? Más tarde, cuando yo leía en la biblioteca y entraste tímidamente, con una mirada de perseguido, cuando levanté la vista del diario, impaciente por la interrupción, vacilaste en la puerta; "¿qué quieres ahora?", te dije bruscamente.

Nada, respondiste, pero te lanzaste en tempestuosa carrera y me echaste los brazos al cuello y me besaste, y tus bracitos me apretaron con un cariño que Dios había hecho florecer en tu corazón y que ni aun el descuido ajeno puede agostar. Y luego te fuiste a dormir, con breves pasitos ruidosos por la escalera.

Bien, hijo; poco después fue cuando se me cayó el diario de las manos y entró en mí un terrible temor. ¿Qué estaba haciendo de mí la costumbre? La costumbre de encontrar defectos, de reprender; éste era mi castigo a ti por ser un niño. No era que yo no te amara; era que esperaba demasiado de ti y medía según la vara de mis años maduros.

Y hay tanto de bueno, bello y firme en tu carácter. Ese corazoncito tuyo es grande como el sol que nace entre las colinas.

Así lo demostraste con tu espontáneo impulso de correr a besarme esta noche. Nada más eso importa esta noche, hijo. He llegado hasta tu camita en la oscuridad, y me he arrodillado lleno de vergüenza.

Es una pobre explicación; sé que no comprenderías estas cosas si te las dijera cuando estuvieras despierto. Pero mañana seré un verdadero papito. Seré tu compañero, y sufriré cuando tú sufras y reiré cuando rías. Me morderé la lengua cuando esté por pronunciar palabras impacientes. No haré más que decirme, como si fuera un ritual: "No es más que un niño, un niño pequeñito".

Temo haberte imaginado hombre. Pero al verte ahora, hijo, acurrucado, fatigado en tu camita, veo que eres un bebé todavía.

Ayer estabas en los brazos de tu madre, con la cabeza recargada en su hombro.

He pedido demasiado, demasiado.

W. Livingston Lamed

La costumbre acaba con los detalles y lo rutinario hace tensas las relaciones. Nunca hay que olvidar que en el hogar nos esperan nuestros seres queridos y debemos hacer renacer, día con día, lo bello que hay en nuestro interior y en el de nuestra familia. ¡Un *te quiero* nunca está de más!

> Si yo pudiera escalar el lugar más alto de Atenas, proclamaría con mi voz: "Ciudadanos, ¿por qué trabajan tanto para buscar riqueza y toman tan poco tiempo con los niños, quienes un día lo heredarán todo?"
>
> Sócrates

> Como es el padre así es el hijo.
>
> Proverbio latino

¿Qué adorno más grande para un hijo que la gloria de su padre, o para un padre que la conducta honrosa de su hijo?

Sófocles

Ven, mi amor

En el campo, en una casa pequeña y confortable, trabajaba una pareja de viejitos. Era la víspera de Navidad y esperaban a que llegaran sus hijos para compartir esos bellos momentos.

El viejito, un tanto fatigado, se recostó en un sillón frente a una chimenea y le manifestó a su esposa:

—Ven, mi amor, acércate y siéntate junto a mí, vamos a disfrutar del calor de la chimenea antes de que lleguen nuestros hijos. Abrázame y recordemos juntos los momentos más bellos de nuestra existencia.

¿Recuerdas cuando te conocí? Aquel encuentro inesperado cambió radicalmente nuestras vidas y le dio una felicidad inmanente a mi existencia. Cómo te ponías nerviosa cuando te iba a visitar, y tus padres me observaban para ver si era yo la persona que te convenía.

¿Recuerdas cuando te di tu primer beso? Tus labios temblaban, pero dejaban denotar alegría, y una lágrima brotó de tus mejillas; nunca te lo mencioné por querer aparentar seguridad, pero yo sentí lo mismo que tú; la vida estaba llena de amor.

Y así transcurrió nuestro noviazgo, entre enojos, peleas, amor, alegrías, penas, frustraciones y realizaciones, pasamos al matrimonio, pero siempre juntos.

Cómo se me va a olvidar cuando te observé vestida de novia. Lucías tan hermosa, que tu bello rostro y figura me dejaron pasmado, empero, tu interior es lo más hermoso que tienes; definitivamente, tome la mejor decisión de mi vida.

Años después nació nuestro primer bebé y, como un niño, lloré de júbilo; cuando lo tenías entre tus brazos, sentí un reencuentro con Dios. Mi hermoso bebé, en ese momento, me arrancó un pedazo de corazón.

Sígueme abrazando, amor. Con el tiempo nacieron nuestros hijos, chiquillos latosos, que rápido crecieron y se convirtieron en grandes hombres y mujeres. Son nuestro orgullo, formaron su propia familia. Y otra vez nos quedamos solos tú y yo, como al principio y con el inmenso amor que nunca nos ha faltado.

Hoy, ya viejos, quiero que brindes conmigo antes de que lleguen nuestros hijos para darle gracias a Dios por permitirnos vivir tan bellos recuerdos.

Cielo, quiero manifestarte que fuiste, eres y serás el gran amor de mi vida, y que no cambiaría por nada la dicha de haberte conocido, pues tú trajiste a mí el amor y la felicidad.

Ven, mi amor, toma tu copa, bailemos este vals y brindemos por aquellos recuerdos felices del pasado que le han dado alegría a nuestra vida y por todo el amor que queda en nuestros pocos años de existencia.

Ven, mi amor.

Enrique Villarreal Aguilar

Renovemos, día con día, los sueños que tengamos con nuestra pareja, dando lo mejor de nosotros mismos; recordemos los bellos momentos vividos con ella, haciéndonos el firme propósito de que nuestra unión se fortalezca y que en todas las acciones que emprendamos sepamos que siempre vamos a estar juntos.

El amor no consiste en mirarnos uno al otro, sino
en mirar juntos hacia afuera en la misma dirección.

Antoine de Saint Exupéry

El amor es, más bien, una confluencia de dos vidas que se unen con el afán de fundirse, confundirse en una sola.

Manuel García Morente

Siéntete feliz con la vida, porque te da la oportunidad de amar y trabajar, de jugar y mirar hacia arriba y ver las estrellas.

Henry van Dyke

Dios mío, ¿por qué a mí?

Era un día como cualquier otro. Como siempre, todas las mañanas al levantarme hacía ejercicio, me bañaba, desayunaba y me despedía del ser que más quería con un beso rutinario y displicente para ir al trabajo.

Ella era muy diferente a mí; todos los días se levantaba con una sonrisa, dando gracias a Dios por permitirle disfrutar un nuevo día, me abrazaba y despedía con un gran beso deseándome toda la suerte del mundo.

Si me hubiera percatado antes de mi actitud tan indiferente hacia ella, jamás me habría comportado de esa manera.

Ese día, al salir de la casa rumbo a su trabajo, tomó su automóvil, que la conduciría a un fatal destino. Los detalles no tienen importancia, sólo sé que cambió drásticamente mi destino. Su automóvil fue arrollado por otro y, al sacar su cuerpo casi inerte, expresó su última palabra de amor hacia mí.

Minutos después del fatal accidente, falleció y recibí la llamada que me notificó lo sucedido; perdí el sentido, no entendía lo que pasaba, mi reacción era confusa, creía que era una pesadilla, las lágrimas inundaban mi rostro y, sin saber cómo, corrí hacia donde estaba ella.

La duda inundó mi interior. En un plan egoísta deseaba que fuera otra persona, pero, desafortunadamente, ¡sí era ella! Ahí estaba con su cuerpo ensangrentado.

En un intento de reproche, con lágrimas en los ojos y con la ira en mis entrañas, grité:

—¡Dios mío, no me puedes hacer esto! ¿Por qué, Señor, te llevas a la gente bondadosa; por qué no me llevas a mí; por qué no terminas mejor con la vida del homicida, drogadicto, ladrón o de la gente que le hace mal a todos? ¿Por qué a ella, quien se preocupaba por los demás y ayudaba a todos sin pedir nada a cambio?

Y Dios me respondió:

—Porque convoco hacia mí a las personas que cumplieron con su destino, supieron dar amor, tuvieron el valor de dar lo mejor de sí mismos sin esperar nada a cambio, desde el niño que pedía un trozo de pan en las calles hasta la más altiva de las personas, y dejaron un mundo mejor al que encontraron. Esas personas merecen el descanso eterno y estar a mi lado, porque son los ángeles que requiero para que aconsejen a los corazones de las personas.

En ese momento alcé mi rostro al cielo y grité sollozando:

—Dame otra oportunidad, Señor, te prometo que voy a cambiar, que tendré todos los detalles que no le supe dar a mis seres queridos y seré un digno hijo de Dios.

Después de unos minutos, en silencio, sentí un frío escalofriante y comprendí que la vida sólo te da una oportunidad para dar lo mejor de ti a tus seres queridos.

Dios mío, ¿por qué a mí?

Enrique Villarreal Aguilar

Aprovecha este día porque es el primero de los que restan de tu existencia. Cuando tengas que dar una flor, decir *te amo*, expresar una palabra de aliento y ofrecer lo mejor de ti, hazlo hoy; mañana no sabremos lo que sucederá. Recuerda que: éste es el momento para expresarle a tus seres queridos todo el amor que sientes por ellos.

Las pequeñas cortesías endulzan la vida; las más grandes la ennoblecen.

Christian Nestell Bovee

Lo que un hombre hace por otros, no lo que ellos hacen por él, le da inmortalidad.

Daniel Webster

No puedes elegir cómo o cuando vas a morir. Sólo puedes decidir cómo vivir ahora.

Joan Baez

Con destino al cielo

Mamá:

Escribo esta carta para decirte lo mucho que te quiero y agradezco todo el cariño, las penas, las alegrías, los gozos, las aflicciones, las lágrimas, el esfuerzo y todos los detalles que tuviste para hacer de mí un hombre y sacarme avante, estando en cada momento importante de mi vida.

Desde muy pequeño siempre tenías una palabra de consuelo en mis derrotas y una palabra de anhelo en mis triunfos.

Me enseñaste la humildad y generosidad en tu trato con las personas y el orgullo para salir adelante en épocas difíciles.

Y tú estuviste ahí en cada momento importante de mi vida.

Tus palabras favoritas eran: "¡No desistas cuando te empeñes en hacer algo y hazlo en vida, hijo, ni cuando tengas un detalle o una lágrima para las personas que quieres!"

Cuántos problemas te causé y cuántas travesuras hice desde muy pequeño, y tu única respuesta fue un beso y un abrazo, con todo el cariño que sólo una madre puede dar; así formaste en mí a una persona segura.

El tiempo pasó y en mi juventud buscaba la comprensión, la alegría y el cariño en otros lados, cuando todo lo tenía en ti.

Y tú estuviste ahí en cada momento importante de mi vida.

Conocí en ti a una persona de éxito, pues no sólo hacías de forma excelente tus labores en la casa, sino que desempeñabas formidablemente tu trabajo y, aún así, tenías tiempo para darnos todo tu amor.

En los instantes ásperos, permanecías fuerte como un roble, aunque a escondidas te brotaban las lágrimas. Nos defendías como una leona ante los embates de la sociedad.

Y tú estuviste ahí en cada momento importante de mi vida.

Ahora soy un adulto y me enjugo las lágrimas al recordar tus palabras: "En vida, hijo, ten detalles en vida". Te escribo esta carta sollozando porque tú no estás a mi lado.

Enrique Villarreal Aguilar

¿Cuándo es el momento para decirle a una persona *te amo*, regalarle una rosa, sonreírle, expresarle todos nuestros sentimientos, comprarle un detalle o simplemente darle las gracias por lo maravillosa que es? Hoy.

> El tiempo es como un río. Tan pronto como vemos una cosa, ésta es arrastrada por él y otra ocupa su lugar, que a su vez no tarda en desaparecer.
>
> Marco Aurelio

> El tiempo que huye no puede ser recuperado.
>
> Virgilio

Confía en el tiempo: es el más sabio de todos los consejeros.

Plutarco

Mi querido ángel

Cielo:

Anoche mientras dormías, contemplaba tu bello rostro agobiado por el cansancio de cuidar a nuestros chiquillos traviesos, producto de nuestro amor. Sé que lo haces por el cariño inmanente que les tienes, pero aun así estoy agradecido contigo por toda la ternura y comprensión que les das.

Sabes, conforme los años trascurren, mi adoración hacia ti se incrementa; tal vez porque los valores trascendentales que tienes, respeto, amor, alegría, entusiasmo, gratitud y sobre todo el perdón, hacen de la mujer que quiero a alguien muy especial.

Gracias, amor, por escucharme, cuidarme y mimarme cuando he enfermado, por soportarme cuando me comporto como un niño, por consolarme cuando estoy deprimido, por perdonarme todos mis errores; simplemente por ser como eres, y por edificar nuestro hogar sobre la base del entusiasmo, la armonía, la alegría y el amor a Dios.

En la discusión que sostuvimos el día de ayer, no existía una razón que justificara nuestro comportamiento, ya que ni el dinero, los celos, el trabajo, la familia, las amistades, aun los niños pueden ser causa del detrimento de nuestro matrimonio. Recuerda que al final todos se irán y nos quedaremos de nuevo solos tú y yo; lo único que me gratifica es que siempre permanecerás a mi lado.

Cielo, tratemos de evadir las discusiones cuando nos alteramos, vamos a pactar que en ese momento se interrumpa nuestra acalorada plática para retomarla 20 minutos después, pero con serenidad, es más, podemos reírnos de los problemas fomentando nuestra felicidad.

Si se me diera la oportunidad de recapacitar en mi vida y volver a vivir los momentos más bellos de mi existencia, te volvería a buscar para sentir una vez más tus delicados labios, para observar tus hermosos ojos y revivir la alegría de nuestros niños, de nuestro hogar.

Sé que, hasta el momento, no he sido el mejor de los esposos, pero sí soy la persona que más te quiere; y te prometo que cuando despiertes, encontrarás a aquel novio que luchaba todos los días por tu cariño, al que no le faltaba un pretexto para otorgarte un pequeño detalle, un verso en un trozo de papel o la sutil hermosura de una rosa, sin importar la fecha que se festejara. Sólo te pediría que tú lucharas por lo mismo.

Te amo, porque me has dado lo mejor de ti.

Te amo, porque me has hecho el más feliz de los hombres.

Te amo, por ser mi esposa, amiga, consejera, doctora, amante, la madre de mis hijos y el ángel que destinó Dios para el cuidado de nuestro hogar.

Mi querido ángel, mientras observo tu rostro, comprendo lo mucho que te quiero y sonrío por la alegría de tenerte junto a mí, ya que la vida no tendría ningún sentido sin ti.

Tu esposo,

Enrique Villarreal Aguilar

¿Realmente valoramos a las personas que nos rodean y nos han dado todo su amor?, ¿necesitamos que ocurra algo para que le demos el justo valor a una persona y después nos lamentemos de que no cambiamos antes? Recuerda que hay una persona junto a ti que te ama y vela por tu bien, éste es el momento para demostrarle cuánto la amas y no importa qué se festeje, lo único trascendente es su felicidad.

La familia es la obra maestra de la naturaleza.

George Santayana

No existe ninguna relación, comunión, ni compañía más amorosa, amistosa ni encantadora que un buen matrimonio.

Martín Lutero

El cielo no será el paraíso para mí, si ahí no encuentro a mi esposa.

Andrew Jackson

Si volviera a ser padre

Si tuviera la oportunidad de volver a ser padre, jugaría más con mis hijos y les prestaría más atención.

Iría con ellos al parque, nos subiríamos al carrusel y comeríamos algodón de azúcar.

Les ayudaría con sus tareas y asistiría a las juntas de padres de familia del colegio.

Escucharía atentamente sus problemas y les daría consejos; y cuando cometieran errores, no los golpearía, sino que amorosamente aplicaría los correctivos necesarios. Vería con ellos la tele e iríamos al cine y comeríamos palomitas de maíz.

Compartiría sus alegrías y los velaría cuando enfermaran; les curaría sus raspones y cubriría de besos sus moretones.

Aplaudiría sus logros y los consolaría en sus fracasos y les infundiría valor cuando tuvieran miedo.

Viajaría con ellos al espacio en las naves que construyeran en sus sueños y visitaríamos toda clase de reinos encantados.

Pasaría más tiempo con ellos: platicando, jugando ajedrez y a las canicas, aprendiendo con ellos a manejar la computadora y jugando a la casita si fueran niñas.

Les enseñaría a ser generosos, a formar su carácter, a desarrollar su personalidad y a enfrentar los retos de la vida.

Les enseñaría a decir *no* a las tentaciones de los vicios y a escoger con cuidado a sus amigos.

Les enseñaría a diferenciar entre el bien y el mal y a convertirse en personas triunfadoras.

Pero no puedo volver a ser padre, pues mi esposa ya ha cruzado las fronteras de la infertilidad.

Sólo me resta aconsejar a los nuevos padres que, si quieren ser algo más que simples inseminadores y ser padres verdaderos, dediquen más tiempo a sus pequeños y no pongan de pretexto que deben trabajar horas incontables para que nada les falte, porque, a fin de cuentas, les pillará todo; y recordarles que *amor* no significa *cosas*, sino *atención* sin distracciones.

Luis Castañeda

La vida te presenta la oportunidad de compartir momentos inolvidables con tus hijos, disfrútalos inmensamente, porque esos instantes no los volverás a vivir.

Comparte sus alegrías, juega con ellos, disfruta sus victorias, consuélalos en sus fracasos, enséñalos a conocer y amar a Dios y, como si fueras escultor, haz de tus hijos tu mejor obra y ese día serás considerado un verdadero padre y no te arrepentirás por aquellos detalles que no tuviste.

> Propongámonos vivir de manera tal que cuando nos toque morir, hasta el enterrador lo lamente.
>
> Mark Twain

Si alguien es más sabio, si alguien es más feliz porque yo viví, mi vida no habrá sido en vano.

Roger Barnes

Las cosas pequeñas hechas con gran amor traen felicidad y paz.

Madre Teresa

Tres cosas de la vida

Hay tres cosas en la vida que una vez que pasan nunca regresarán: el tiempo, las palabras y las oportunidades.

Hay tres cosas en la vida que pueden destruir a una persona: el enojo, el orgullo y no saber perdonar.

Hay tres cosas en la vida que nunca se deben perder: la esperanza, la paz y la humildad.

Hay tres cosas en la vida de mayor valor: el amor, la bondad y los amigos.

Hay tres cosas en la vida que no son seguras: la fortuna, el futuro y la suerte.

Hay tres cosas en la vida que forman a una persona: la actitud, la aptitud y el conocimiento.

Hay tres cosas en la vida que nunca olvidarás: el amor de una madre, tu primer beso y el nacimiento de tu bebé.

Hay tres divinidades: el padre, el hijo y el espíritu santo.

Enrique Villarreal Aguilar

La vida se compone de aquellos pequeños detalles que le dan fulgor al existir; no permitas nunca que tu cabeza se incline ni que tus piernas se arrodillen. Mantén el talante que te permita tener el rostro firme, con la mirada fija hacia las estrellas que te transportarán a alcanzar tus sueños. Encuéntrale sentido a tu existir y seguramente encontrarás un motivo para agradecerle a Dios el privilegio de vivir.

> De pequeñas alegrías se forman instantes enormes de felicidad.
>
> Enrique Villarreal Aguilar

> Debes saber que tu paso por la Tierra es el de un simple mortal, pero debes soñar como un dios.
>
> Ovidio

> Los ganadores en la vida siempre piensan en términos de hoy puedo, yo haré y yo soy. Los perdedores, por otro lado, concentran sus pensamientos alertas en lo que deberían haber hecho, hubiesen podido hacer o no hacen.
>
> Denis Waitley

Superación personal

El éxito o el fracaso no dependen de las
circunstancias
sino de nosotros mismos.

Enrique Villarreal Aguilar

Canicas rojas

Durante los duros años de la revolución, solía pasar al almacén del señor Muro para comprar productos frescos.

La comida y el dinero faltaban y el trueque se usaba mucho.

Un día el señor Muro me empaquetaba unas papas cuando, de repente, noté que un niño pequeño, delicado de cuerpo y aspecto, con ropa roída pero limpia, miraba atentamente un cajón de peras frescas y maravillosas.

Pagué mis papas, pero también me sentí atraído por el aspecto de las peras.

¡Me encanta el dulce de pera y las papas frescas!

Mientras admiraba las peras, no pude evitar escuchar la conversación entre el niño y el señor Muro.

—Hola, Toño, ¿cómo estás hoy?

—Hola, señor Muro, estoy bien, gracias. Sólo admiraba las peras, se ven muy bien.

—Sí, son muy buenas. ¿Cómo está tu mamá?

—Bien, cada vez más fuerte.

—Bien. ¿Hay algo en que te pueda ayudar?

—No, señor. Sólo admiraba las peras.

—¿Te gustaría llevar algunas a casa?

—No, señor. No tengo con qué pagarlas.

—Bueno, qué tienes para cambiar por ellas.

—Lo único que tengo es esto, mi canica más valiosa.

—¿De veras? ¿Me la dejas ver?

—Acá está, ¡es una joya!

—Ya lo veo. El único problema es que es azul y a mí me gustan las rojas.

—¿Tienes alguna como ésta pero roja en casa?

—No exactamente, pero casi.

—Hagamos una cosa, llévate esa bolsa de peras a casa y la próxima vez que vengas, muéstrame la canica roja que tienes.

—¡Claro! Gracias, señor Muro.

La señora Muro se acercó a atenderme y con una sonrisa me dijo:

—Hay dos niños más como él en nuestra comunidad, todos en situación muy pobre. A Salvador le encanta hacer trueque con ellos por peras, manzanas, tomates o lo que sea. Cuando vuelven con las canicas rojas, y siempre lo hacen, él decide que en realidad no le gusta tanto el rojo, y los manda a casa con otra bolsa de mercadería y la promesa de traer una canica color naranja o verde tal vez.

Me fui del negocio sonriendo e impresionado con este hombre.

Tiempo después me mudé a Guadalajara, pero nunca me olvidé de este hombre, los niños y los trueques entre ellos.

Varios años pasaron, cada uno más rápido que el anterior. Recientemente tuve la oportunidad de visitar a unos amigos en esa comunidad de Aguascalientes. Mientras estuve ahí, me enteré que el señor Muro había muerto.

Esa noche sería su velorio y, sabiendo que mis amigos querían ir, acepté acompañarlos.

Al llegar a la funeraria, nos pusimos en la fila para conocer a los parientes del difunto y ofrecer nuestro pésame.

Delante nuestro, en la fila, había tres hombres jóvenes.

Uno tenía puesto uniforme militar y los otros dos unos lindos trajes oscuros con camisas blancas. Parecían profesionales.

Se acercaron a la señora Carmelita, quien se encontraba al lado de su difunto esposo tranquila y sonriendo.

Cada uno de los hombres la abrazó, la besó, conversó brevemente con ella y luego se acercó al ataúd.

Los ojos cafés llenos de lágrimas de la señora Carmelita los siguieron uno por uno, mientras cada uno tocaba con su mano cálida, la mano fría dentro del ataúd.

Cada uno se retiró de la funeraria limpiándose los ojos.

Llegó nuestro turno; al acercarme a la señora de Muro le dije quien era y le recordé lo que me había contado años atrás sobre las canicas.

Con los ojos brillando, me tomó de la mano y me condujo al ataúd.

—Esos tres jóvenes que se acaban de ir son los tres chicos de los cuales te hablé. Me acaban de decir cuánto agradecían los trueques de Salvador. Ahora que Chava no podría cambiar de parecer sobre el tamaño o color de las canicas, vinieron a pagar su deuda.

—Nunca hemos tenido riqueza —me confió—, pero ahora Salvador se considera el hombre más rico del mundo.

Con una ternura amorosa levantó los dedos sin vida de su esposo.

Debajo de ellos había tres canicas rojas, exquisitamente brillantes.

Anónimo

Cuando llegues al cielo, Dios no te va a juzgar por los bienes que ganaste, la riqueza que acumulaste o los sueños que tuviste; seguramente el Señor te juzgará por las personas a las que ayudaste, las riquezas que repartiste entre quienes lo necesitaban, los consejos que diste mientras escuchabas al amigo y por aquellos logros, en beneficio de los demás, que conseguiste.

El reconocimiento que tengas hacia los demás es el primer paso para lograr el reconocimiento de uno mismo.

Enrique Villarreal Aguilar

El mundo está lleno de pequeñas alegrías: el arte consiste en saber distinguirlas.

Li Tai-Po

Muchas personas se pierden las pequeñas alegrías mientras aguardan la gran felicidad.

Pearl S. Buck

Depende de quién son las manos

Una pelota de basquetbol en mis manos vale 19 dólares. En las manos de Michael Jordan vale 33 millones de dólares. Depende de quién son las manos.

Una pelota de béisbol en mis manos vale 6 dólares. En las manos de Mark McGwire vale 19 millones de dólares. Depende de quién son las manos.

Un pedazo de piedra en mis manos no vale nada. En las manos de Miguel Ángel vale alrededor de 100 millones de dólares. Depende de quién son las manos.

Una vara en mis manos podrá ahuyentar a una fiera salvaje. En las manos de Moisés hizo que las aguas del mar se separaran. Depende de quién son las manos.

Una tela en mis manos vale 5 dólares. En las manos de Leonardo da Vinci vale 90 millones de dólares. Depende de quién son las manos.

Una honda en mis manos es tan sólo un juguete. En las manos de David es un arma potente. Depende de quién son las manos.

Dos peces y cinco piezas de pan en mis manos son unos emparedados. En las manos de Jesús alimentaron a una multitud. Depende de quién son las manos.

Unos clavos en mis manos serán suficientes para construir una silla. En las manos de Jesucristo trajeron salvación al mundo entero. Depende de quién son las manos.

Sin embargo, mis manos unidas a las de miles de personas, pidiendo y luchando por un mundo mejor valen demasiado, porque juntos, a través de nuestra oración y pensamiento, podemos llegar a Dios.

Anónimo

El talento es el gran precursor del hombre a través de la historia, se forja de actitudes, aptitudes y conocimientos, y es la diferencia entre un hombre común y uno fuera de lo común.

No necesitas ser extraordinario para tener talento; sino simplemente tener el temple de hacer de las cosas ordinarias algo extraordinariamente bien.

> El éxito no conoce la palabra imposible, se levanta después de cada caída por medio del trabajo para hacer realidad las más grandes ilusiones.
>
> Enrique Villarreal Aguilar

> Aléjate de la gente que intenta reducir tus ambiciones. La gente insignificante siempre hace eso, pero la gente verdaderamente excelente te hace sentir que tú también puedes serlo.
>
> Mark Twain

> Aspira a la perfección en todo, aunque sea inalcanzable. Los que la persiguen y perseveran se le aproximarán más que aquéllos cuya pereza y desaliento los hacen abandonarla por inalcanzable.
>
> Lord Chesterfield

El hombre común y el extraordinario

El hombre común se derrota en el primer intento; el extraordinario no sabe cuándo dejar de intentar, pues de cada intento aprende infinitamente.

El hombre común dice no; el extraordinario dice y por qué no.

El hombre común no tiene metas; el extraordinario siempre sabe hacia dónde dirige su destino.

El hombre común tiene sueños, pero no se levanta de la cama; el extraordinario tiene sueños y trabaja arduamente para realizarlos.

El hombre común lucha solo por sus sueños; el extraordinario comparte sus sueños, pues comprende que el sueño de uno es tal, pero el sueño de muchos es una realidad.

El hombre común trabaja y lleva una vida a medias; el extraordinario no sabe de mitades, se entrega cien por ciento a todo lo que hace y su vida es total.

El hombre común es negativo; el extraordinario, positivo.

El hombre común da razones; el extraordinario, resultados.

El hombre común culpa a sus subordinados; el extraordinario piensa en qué se equivocó.

El hombre común empieza; el extraordinario acaba.

El hombre común habla para que lo alaben; el extraordinario calla y deja que sus actos hablen por él.

El hombre común no sabe sonreír; el extraordinario sabe regalarle una sonrisa sincera a todos lo que le rodean.

El hombre común desea; el extraordinario actúa.

El hombre común dice; el extraordinario hace.

El hombre común se cree Dios; el extraordinario se inspira en Dios.

Enrique Villarreal Aguilar

El hombre común y el extraordinario gozan de las mismas cualidades, fantasías, ilusiones y hasta aptitudes.

La gran diferencia estriba en su pensamiento y sus actitudes, pues mientras el hombre común sueña, se queda dormido y no despierta, el hombre extraordinario actúa, se prepara y lucha incansablemente hasta alcanzar su sueño.

> La única forma de cambiar todo y a todos los que te rodean es cambiando tú.
>
> ENRIQUE VILLARREAL AGUILAR

A medida que sintamos lo divino de lo ordinario, nuestra vida ordinaria se volverá bastante extraordinaria.

Richard Carlson

Distinguimos al hombre sobresaliente del hombre común al decir que el primero es aquél que se exige mucho de sí, y el segundo es aquél que no se exige nada.

José Ortega y Gasset

La maestra

El día de su graduación, Jenny prometió que sería la mejor maestra que hubiera existido; cosa que no fue cierta, porque con el transcurso de los años ya no quería saber nada de los niños. Realmente ella trabajaba porque necesitaba el dinero, y si los niños le entendían, bien; si no, peor para ellos.

La media del grupo era su misión, los niños rezagados no eran su problema, ella no podía hacer nada por ellos.

Jonathan era la clase de niño que no podían soportar las maestras: vivaracho, inquieto, no hacía bien sus deberes y, en ocasiones, hasta se dormía en clase.

—¿Qué clase de maestra podía soportar a un niño como éste? Se preguntaba constantemente.

En una ocasión le preguntaron a los maestros qué opinaban sobre cada niño.

Jenny, sin ningún remordimiento, expresó:

—Jonathan es un niño que no hace bien sus deberes, es inquieto, distraído, malcriado y, en ocasiones, se duerme en clase. Yo no entiendo cómo sus padres le permiten esa conducta.

A los niños les preguntaron lo mismo sobre la maestra; éstos dieron sus respuestas, que guardaron en los archivos de la dirección.

Un día Jonathan cayó del escritorio y no se levantaba. La maestra asustada corrió a la dirección e informó a su superior; presto llamaron a la ambulancia y a los padres, los cuales acudieron inmediatamente y llevaron al niño en pocos minutos al hospital.

La maestra siguió impartiendo su clase y no preguntó lo sucedido con aquel pequeño.

Los días pasaron y la maestra se sentía un poco más relajada, pues ya no estaba Jonathan, aquel niño que le quitaba tanto tiempo y el cual se había vuelto detestable.

Sin embargo, los días seguían corriendo y Jonathan no aparecía. Los remordimientos empezaban a cruzar por la mente de la maestra.

El niño detestable ya no lo era tanto.

—¿Qué habrá pasado con el niño? ¿Cómo estará Jonathan? —se preguntaba constantemente.

Había momentos en que extrañaba sus ocurrencias y la chispa que desplegaba en el salón.

Así que decidió hablar con la directora para preguntarle por Jonathan, y ésta le dijo que la esperara en la dirección, que ahí platicarían.

La directora ex profeso dejó las hojas de los comentarios de los niños sobre la maestra cerca de donde estaba sentada esta última. La curiosidad le ganó y notó que la mayoría de los niños se expresaban así de ella:

"La maestra es hostil, nos obliga a estudiar demasiado, quiere que siempre estemos quietos y callados, nos deja demasiada tarea y olvida que somos niños y nos comportamos como tal."

Sin embargo, cuando leyó la opinión de Jonathan, vio que ésta era muy diferente:

"La maestra está muy bonita, me recuerda a mi mami que murió hace dos años, yo la quiero mucho porque con ella soy feliz, me puedo expresar tal como soy y creo que ella también me quiere."

Después de leer estas palabras la maestra se puso a llorar inconsolablemente ¿Cómo era posible que aquel niño, que tanto maltrataba, opinara así de ella?

Cuando llegó la directora, se sintió peor, porque le dijo que aquel niño que no quería estaba en el hospital víctima de una leucemia.

Después de que terminó la clase, fue al hospital a ver al niño y lo encontró dormidito.

El padre del niño se le acercó y le dijo:

—Gracias por venir, maestra, desde que el niño se cayó del pupitre no ha despertado; sabe, Johnny siempre expresaba maravillas de usted y sabíamos que no le podía fallar.

—Disculpen ustedes, pero yo sí le fallé al niño —dijo la maestra—, yo no merecía tanto amor.

En ese momento Johnny abrió los ojos y contempló a su padre. Vio de reojo a la maestra y rápidamente le otorgó un gran abrazo seguido de un beso en la mejilla, a la vez que manifestaba entusiasmado:

—Te quiero, te extrañé, miss.

Después de esta muestra de cariño, ella lloró junto con el pequeño y comprendió el significado de ser maestro. Ese día percibió que ser maestro es más que enseñar escritura, historia y matemáticas; es mucho más que corregir, alzar la voz y fincar un orden; es entender a los niños, amarlos, comprenderlos y dejarlos disfrutar su esencia.

En aquel instante Jenny dio un gran paso en su vida, dejó de enseñar y se convirtió en guía, cumpliendo, por primera vez, su palabra: ser la mejor maestra que haya existido.

Hoy es un buen día para llenar de amor a todos los que te rodean.

Enrique Villarreal Aguilar

El conocimiento especializado te brinda los elementos para ejercer efectivamente tu trabajo siendo asertivo en tu desempeño y volviéndote, sin lugar a dudas, un gran profesionista. Pero la comprensión de las necesidades de las personas a las que sirves, el trato humano hacia tus semejantes y el amor a lo que haces te vuelven profesional. Éste es un buen momento para dar el salto gigante de ser profesionista a ser profesional.

> El que quiera ser más poderoso entre vosotros deberá ser el mejor servidor de los demás.
>
> *Mateo* 20, 20-28

> La gente que no trasciende su pensamiento se limita a: *yo*; la gente que hace la diferencia su pensamiento la lleva a: *nosotros*; pero la gente que trasciende a través de las generaciones, su pensamiento lo hace inmanente a través de: *ustedes*.
>
> Enrique Villarreal Aguilar

> ¡Sé generoso! Da a quienes amas; da a quienes te aman; da a los afortunados; da a los desafortunados; sí, da especialmente a quienes no deseas darles. Recibirás abundancia por tu dádiva. ¡Cuanto más das, más tendrás!.
>
> W. Clement Stone

En tus manos está

Cierto día los miembros de un pueblo decidieron jugarle una broma al sabio de la entidad para saber hasta dónde llegaba su sabiduría, pero no se les ocurría qué hacer, hasta que un joven pensó en una idea, y gritó:

—¡La tengo, la tengo! Tengo dos preguntas que el sabio no podrá contestar. —Todos los miembros del pueblo se acercaron para escuchar con curiosidad.

"Colocaré una paloma entre mis manos, y luego la pondré detrás de mi espalda para ocultarla, así, el sabio no se dará cuenta de lo que tengo y después le haré dos preguntas.

"Primero, le preguntaré: 'Señor, ¿qué tengo entre las manos?'. Si adivina que es una paloma, después le cuestionaré: '¿Está viva o muerta?'. Si me dice que está muerta, se la mostraré viva, y si me dice que está viva, la mataré con mis manos y se la entregaré."

Todos se mostraron alegres con esa idea.

Al día siguiente fueron todos con el sabio del pueblo, y el joven le preguntó:

—Señor, ¿qué tengo entre las manos?

El sabio contestó con un temple sereno:

—Una paloma.

Sorprendido, el joven volvió a preguntar:

—¿Está viva o muerta?

El sabio lo miró, irradiando sabiduría, y contestó:

—La paloma representa tus sueños y anhelos, tu deseo de crecer y ser mejor en la vida, tu realización, la paz, la armonía que siempre habías deseado; en síntesis, representa tu porvenir.

El futuro de la paloma está en tus manos.

Anónimo

En tus manos está tu futuro y de ti depende lo que haces con él; si quieres alcanzar las estrellas, con ahínco lo lograrás, pero si no aspiras a nada, nada obtendrás; recuerda que si deseas un futuro áspero o maravilloso, lo que tú pienses, eso irremediablemente sucederá.

Jamás me alcanzará el fracaso cuando he buscado el éxito con toda el alma.

Paul J. Meyer

Los ideales son como las estrellas; nunca los alcanzamos, pero igual que los marinos de altamar, trazamos nuestro camino siguiéndolas.

Anónimo

Sigue avanzando y es posible que tropieces con algo tal vez cuando menos lo esperes. Jamás he oído de alguien que se tropiece con algo mientras está sentado.

Charles F. Kettering

Valores

Una vez un hombre desenterró una estatua de mármol de gran belleza, y se la llevó a un coleccionista que amaba todas las cosas bellas y se la ofreció en venta.

El coleccionista la compró a precio elevado.

Y cuando el hombre se fue a casa con su dinero, pensó y se dijo a sí mismo:

—¡Cuánta vida significa este dinero! ¿Cómo puede alguien dar todo esto por una piedra muerta, esculpida, enterrada en la tierra durante mil años?

Y el coleccionista contemplaba la estatua y se decía:

—¡Qué hermosa! ¡Cuánta vida! ¡El sueño de una gran alma! ¡Y fresca con el dulce sueño de mil años! ¿Cómo puede alguien dar todo a cambio de dinero muerto y sórdido?

Gibran Jalil Gibran

El verdadero valor no está en las cosas materiales, sino en el interior de cada persona. Cada uno de nosotros forma su escala de valores, para algunos es más importante un bien material y, para otros, el espíritu. Por eso, el poeta Amado Nervo decía: "Nada es verdad ni es mentira, todo es según el color del cristal con que se mira".

> Nuestra valía es determinada por las buenas obras que realizamos, no por las virtuosas emociones que sentimos.
>
> ELIAS L. MAGOON

> Las cosas más hermosas del mundo no pueden ser vistas, ni siquiera tocadas. Deben ser sentidas con el corazón.
>
> HELEN KELLER

> Cada vez que adquieres un nuevo interés, aún más, un nuevo logro, incrementas tu poder de vida.
>
> WILLIAM LYON PHELPS

El pobre

Pasando por una calle, un pobre viejo, decrépito y vacilante me detuvo. ¡Tenía los ojos blancos y los párpados amoratados; los vestidos roídos mostraban llagas mal cuidadas! ¡Ah! ¡Cómo había roído la pobreza a aquel infeliz!

Extendía la mano roja, hinchada y sucia; gemía y murmuraba implorando la caridad del transeúnte.

Registré mis bolsillos: ni dinero, ni reloj, ni siquiera pañuelos; todo lo había olvidado en casa. Y el pobre esperaba con la mano extendida y hablaba débilmente de cuando en cuando.

Confuso y no sabiendo qué hacer, estreché fuertemente aquella mano sucia y temblorosa.

—No os ofendáis, hermano, no llevo nada —le dije.

El pobre clavó los ojos en mí, sus labios amoratados sonrieron, y él apretó mis dedos helados.

—Bien, hermano —dijo con voz ronca—, muchas gracias, esto también es caridad.

Y entonces comprendí que yo también había recibido algo de aquel hermano mío.

Iván Turguénev

Todos tenemos mucho qué dar en la vida, aunque sea poco lo que tengamos económicamente. Una simple palabra, una bella sonrisa, una pequeña palmada, un abrazo sincero o un fuerte apretón de manos tal vez haga mucho más felices a otras personas que otorgarles unas cuantas monedas con indiferencia.

> Recuerda, la felicidad no depende de quién eres o cuánto tienes, sólo depende de lo que piensas.
>
> Dale Carnegie

> Hacer el bien a otros no es una obligación. Es una dicha, porque incrementa tu propia salud y felicidad.
>
> Escrituras zoroástricas

> Es un hombre sabio aquél que no pena por las cosas que no posee, pero se regocija por las que tiene.
>
> Epicteto

En ti está, ¿águila o gallina?

Un guerrero indio se encontró un huevo de águila, el cual recogió del suelo y colocó más tarde en el nido de una gallina. El resultado fue que el aguilucho se crió junto a los polluelos.

Así, creyéndose ella misma gallina, el águila se pasó la vida actuando como éstas.

Rascaba la tierra en busca de semillas e insectos con los cuales alimentarse. Cacareaba y cloqueaba.

Al volar, batía levemente las alas y agitaba escasamente su plumaje, de modo que apenas se elevaba un metro sobre el suelo.

No le parecía anormal, así era como volaban las demás gallinas.

Un día vio que un ave majestuosa planeaba por un cielo despejado. Volaba sin casi batir sus resplandecientes alas dejándose llevar gallardamente por las corrientes del aire.

—¡Qué hermosa ave! —le dijo a la gallina que se hallaba a su lado—. ¿Cuál es su nombre?

—Águila, la reina de las aves —le contesto ésta—. Pero no te hagas ilusiones: nunca serás como ella.

El águila vieja dejó, en efecto, de prestarle atención.

Murió creyendo que era gallina.

Parábola peruana del dominio público

Enfréntate a la vida y demuéstrate que puedes obtener el éxito a pesar de cualquier inconveniente, pues naciste para triunfar, escalar montañas y volar en lo más alto; recuerda que es parte de tu naturaleza y el éxito tiene que ser tu destino.

Si un hombre tiene talento y no lo usa, ha fracasado.

Thomas Woll

La excelencia es el arte que se alcanza por medio del entrenamiento y el hábito. Nosotros somos lo que hacemos repetidamente. La excelencia, entonces, no es un acto aislado sino un hábito.

ARISTÓTELES

Deja de ser lo que eres, si quieres llegar a ser lo que aspiras.

CARLOS BERNARDO GONZÁLEZ

Optimista o pesimista

Unos jóvenes, a pesar de ser gemelos, pensaban totalmente distinto; uno era demasiado pesimista y el otro optimista.

Los padres, preocupados por esta situación, llevaron a sus hijos con un psicólogo, quien les sugirió que en el próximo cumpleaños de los gemelos, llevaran a cada uno a habitaciones diferentes para abrir sus regalos. Regálenle al pesimista algo extraordinario y al optimista una caja de estiércol.

Los padres siguieron las instrucciones, y observaron la conducta de los hijos.

Cuando se acercaron a la habitación del pesimista, lo escucharon quejarse.

—No es posible, cómo se atrevieron a regalarme esta moto, ¿quieren que me mate o tenga un accidente? Además, yo no sé manejar, no tengo licencia y ni siquiera me gusta.

Al acercarse a la habitación del optimista, éste los recibió jubiloso con los brazos abiertos, lanzando felizmente el estiércol en la habitación, diciéndoles a sus padres:

—Gracias, los adoro, qué detallazo. ¿Dónde está el caballo?

Anónimo

Reza una hermosa frase de Buda: "Lo que somos en nuestra mente es lo que logramos en nuestra vida". Si somos gente positiva, seguramente obtendremos muchos triunfos; pero si somos negativa, los fracasos nos esperarán a la vuelta de la esquina. Piensa, mira hacia el cielo y alcanzarás las estrellas, mira en cualquier dirección y terminarás en cualquier lado.

> El hombre de éxito y el fracasado son mentalmente iguales; la diferencia son las actitudes.
>
> MIGUEL ÁNGEL CORNEJO

> El optimista ve una oportunidad en cada calamidad; y el pesimista ve una calamidad en cada oportunidad.
>
> MIGUEL ÁNGEL CORNEJO

> La voluntad de un hombre es su felicidad.
>
> FRIEDRICH VON SCHILLER

Dime cómo ves a los demás y te diré quién eres

Había un anciano cuáquero que, sentado en el brocal del pozo de la aldea, saludaba a los cansados viajeros que pasaban por ahí. Y a cada uno que le preguntaba:

—¿Qué clase de gente vive por aquí?

Él le respondía con otra pregunta:

—¿Qué clase de gente encontraste en tu última morada?

Si el viajero decía que había dejado un vecindario donde la gente era alegre y simpática, agradable y amante de la diversión, el cuáquero le respondía confiadamente que en su pueblo los encontraría iguales.

Para aquellos viajeros que se quejaban de que habían dejado un pueblo donde la gente era desagradable, rijosa, iracunda, el patriarca les decía, moviendo la cabeza tristemente:

—Por desgracia, aquí los encontrará iguales.

Un joven que estaba escuchando todo lo que el cuáquero decía, extrañado, le preguntó a éste:

—¿Por qué le responde a las personas que encontrarán la misma gente que la que encontraron en su última morada?

Y el patriarca, con una sonrisa en sus labios, respondió:

—Porque el problema no es el pueblo al que llegues, sino la actitud que tomes en él. La vida es como un espejo, la cara que tú le muestres es el reflejo que tendrás.

Anónimo

Vive la vida con intensidad, aprecia las maravillas y milagros que te ofrece, ama a tu prójimo; entonces, tu vida habrá cambiado automáticamente y adonde quiera que vayas serás bien recibido.

> La gente parece no darse cuenta de que su opinión del mundo es también una manifestación de su carácter.
>
> RALPH WALDO EMERSON

> No juzgues cada día por lo que cosechas, sino por las semillas que siembres.
>
> ROBERT LOUIS STEVENSON

> No te quejes de la nieve en el techo del vecino cuando también cubre el umbral de tu casa.
>
> CONFUCIO

Las armas del diablo

Dos espectros se encontraban un tanto curiosos, porque veían trabajando afanosamente al diablo.

Su intriga los llevó a acercarse a él y cuestionarle:

—¿Qué haces, diablo?

—Estoy creando armas para destruir a la humanidad —dijo.

Y uno de los espectros manifestó:

—Ya hay suficientes armas como para destruirla: rifles, cañones, bombas atómicas, etcétera.

—No me refiero a esas armas —afirmó— estoy creando otro tipo de artefactos con los cuales la destrucción es más lenta, y la vida en la Tierra se hace nada placentera; la gente tratará de humillarse entre sí y ridiculizarse, crearán clases sociales y razas privilegiadas; según ellos, el hombre será el peor enemigo del hombre —y añadió—: Mis armas son joyas de oro, rubíes, zafiros, diamantes incrustados de avaricia; los principales manjares con gotas de gula; las vestimentas más finas acompañadas de racismo y odio, y un sinnúmero de extravagancias y lujos repletos de rencor, envidia, lujuria, adulación excesiva y todos los males que hay sobre la Tierra.

Fascinados los espectros por esta idea preguntaron:

—¿Y dónde ocultarás tan valiosas armas?

En forma irónica su respuesta fue:

—Es muy sencillo, las esconderé en el único lugar donde al hombre no se le ocurrirá buscarlas, donde puede estar el origen de todos los males, pero también del bien: en el interior de cada persona.

Enrique Villarreal Aguilar

Siempre ha sido más fácil destruir que construir, odiar que amar, crearse malos que buenos hábitos; sólo los espíritus superiores han tenido el valor de enfrentar sus flaquezas para salir avantes. Hoy es el momento que tenemos para luchar incansablemente por nuestros ideales, formarnos un temple de acero que nos permita realizar el bien a nuestros semejantes, y vencer al mal arrancándolo de nuestro interior.

> La maldad es siempre más fácil que la virtud, ya que para todo toma el atajo.
>
> JAMES BOSWELL

> ¿De qué le serviría a un hombre ganar el mundo entero si perdiera su propia alma?.
>
> JESÚS DE NAZARET

> Cuando hago el bien, me siento bien. Cuando hago el mal, me siento mal. Ésa es mi religión.
>
> ABRAHAM LINCOLN

¡Lo que el mundo necesita es amor!

Un anciano muy pobre se dedicaba a sembrar árboles de mango. Alguien le dijo:

—¿Cómo es que a su edad se dedica a plantar mangos? ¡Tenga por seguro que no vivirá lo suficiente para consumir sus frutos!

El anciano respondió apaciblemente:

—Toda mi vida he comido mangos de árboles sembrados por otros. ¡Que los míos rindan frutos para quienes me sobrevivan!

Habitamos un universo espléndido en el que todo y todos tienen algo que ofrecer. Los árboles, los ríos, la tierra, el sol, la luna y las estrellas dan. ¿De dónde, pues, esa ansiedad por tomar, recibir, amasar, juntar, acumular sin dar nada a cambio?

Todos podemos dar algo, por pobres que seamos. Podemos ofrecer pensamientos agradables, dulces palabras, sonrisas radiantes, conmovedoras canciones, una mano firme y tantas otras cosas que alivien a un corazón herido. Más que dinero, lo que el mundo necesita es amor y simpatía.

J.P. Vaswani

Amar es un hábito superior que sólo los grandes seres pueden tener; significa renunciar a nuestro egoísmo para pensar en nuestros semejantes; es dar todo sin esperar nada a cambio. Amar es entregarnos a fondo en todas nuestras metas hasta verlas culminadas; amar son las dulces palabras de un niño al decir *te quiero papá*; amar es el don que le fue concedido a los seguidores de Dios.

El amor es lo único que se hace grande al compartirlo.

Diabaté

Decir palabras agradables sin ponerlas en práctica es como tener una bella flor sin fragancia.

Buda

El amor no tiene nada que ver con lo que esperas conseguir, sólo con lo que esperas dar, es decir, todo.

Katharine Hepburn

Los consejos

Un señor tenía dos hijos y los mandó llamar; al primero le dijo:

—Hijo, por favor, ¿puedes ir a los viñedos por unas uvas y traérmelas aquí?

A lo que éste contestó que no. Pero después se arrepintió, fue por las uvas y se las llevó.

Al segundo le pidió lo mismo y le respondió que sí, pero no fue por las uvas y, por lo tanto, no se las llevó.

¿Cuál de los dos obedeció la palabra de su padre?

El primero dijo que no, pero obedeció. El segundo escuchó la palabra de su padre, pero no la obedeció.

Lo mismo pasa con los consejos y la palabra de Dios; al igual que el segundo hijo, muchos escuchamos su palabra y los consejos, pero no los obedecemos.

Mateo 21, 28-32

Escucha los consejos y llegarás más raudo a la cumbre; evádelos y tendrás que tropezar en exceso antes de cumplir tus objetivos. Cuando llegues a la cumbre, a pesar de tus tropiezos, te darás cuenta de que el gozo que experimentas lo disfrutó, mucho antes que tú, el que escuchó los consejos.

> Yo te enseñaré el camino que debes seguir. Seré tu consejero y estarán mis ojos sobre ti.
>
> *SALMOS* 32,8

> Si quieres alcanzar tus metas lo más pronto posible, escucha consejos; de otra forma caerás tantas veces que muchos alcanzarán sus metas antes que tú.
>
> ENRIQUE VILLARREAL AGUILAR

> Quien no oye consejo, no llega a viejo.
>
> PROVERBIO LATINO

Pide lo que quieras

Si en este momento se presentase ante ti un Ser milagroso, vestido de blanco, resplandeciente de luz magnífica y te dijese:

—¡Pide lo que quieras!, te será concedido.

Tú sin duda te apresurarías a pedir las cosas mejores.

Pues bien, ese Ser milagroso existe dentro de ti y tiene el poder de darte cuanto le pidas. Sólo que antes debes saber qué es lo que quieres... conocimiento, al parecer, fácil, mas que se realiza en muy pocos hombres.

Y después de que lo sepas, debes pedir al Dios interior, con seguridad tal, cual si lo pidieras al hombre milagroso vestido de blanco, que seduzca tu fe con el prestigio de su presencia externa.

Piensas en que eres desgraciado porque ignoras lo que puedes.

Todo es tuyo y te estás muriendo de anhelos... Las estrellas te pertenecen y no tienes lumbre en tu hogar. La naturaleza entera quiere entregársete como a su dueño y señor, ¡y tú lloras desdenes de una mujer!

Pide lo que quieras, que todo te será concedido.

Amado Nervo

Por más grandes que sean tus sueños o inmensos que sean tus anhelos, aunque haya mil batallas que pelear, si lo deseas con una pasión férrea y te pones a practicar, aquellos sueños, anhelos y batallas los vas a ganar.

Pide lo que quieras al gigante que llevas dentro, ya que todo te lo concederá.

> Si creo que puedo o si creo que no puedo, tendré razón en cualquiera de las dos alternativas.
>
> Henry Ford

> Lo que debemos aprender a hacer, lo aprendemos en la práctica.
>
> Aristóteles

> Nunca es tarde para ser lo que podría haber sido.
>
> George Eliot

Un encuentro con la muerte

Desde que empecé a tomar, ya no soporto a mi familia. Mi esposa y yo nos la pasamos peleando; siempre tiene un pretexto para hacerme enojar y decirme que soy un mediocre y todo porque me corrieron del trabajo, pero ese desgraciado de mi jefe *la traía contra mí.* Es cierto, faltaba mucho y llegaba tarde; sin embargo, eso no justifica su comportamiento. Pero cuando me salía tarde del trabajo, ahí sí no decían nada. Mis hijos no me quieren y hasta me tienen miedo, porque dicen que cuando tomo golpeo a su madre y a ellos; mis padres y hermanos también me han dado la espalda por protegerlos a ellos. Mis amigos, ésos que me invitaron al trago cuando todo iba bien en mi vida, ahora ni siquiera me hablan; bien dicen que cuando un barco se hunde, las ratas son las primeras en huir.

No sé qué se traen contra mí; todos están mal y se van a arrepentir cuando me muera.

Creo que lo mejor es huir de casa, definitivamente, no soporto más, me voy de mi hogar.

Cuando me salí de mi casa, mi único refugio fue la calle, donde sólo conocí lo que estaba dispuesto a conocer: alcoholismo, drogadicción, prostitución, pobreza y delincuencia. Desesperado por esa vida ruin, llamé a la muerte y le dije:

—Muerte, ya estoy cansado, ¿por qué no vienes por mí?

En ese momento se me apareció una señora hermosa vestida de negro con su faz alabastrina y me cuestionó:

—¿Por qué me llamaste?

Y le respondí:

—A ti ni siquiera te conozco, por qué te iba a llamar.

—¿Qué acaso hace unos momentos no invocaste mi nombre? Yo soy la muerte.

—Disculpa —respondí—, es que esperaba que fueras diferente.

—Cada cual me ve de forma diferente: unos con alegría, pues saben que soy un paso para llegar a Dios; otros me temen, pues creen que les voy a hacer algo malo o a torturar, cuando ellos se han torturado solos. Pero, a pesar de eso, me buscan como un escape para salir de su vida mediocre, rutinaria y displicente, como en tu caso.

—¿Por qué me llamaste? —preguntó la muerte.

—Porque quiero que me lleves contigo — respondí.

—¿Para qué me sirves tú? —respondió—. Yo busco a gente que me dé o me proyecte algo. Gozo cuando me llevo a un triunfador, a una persona que dejó un mundo mejor al que encontró, cuando me llevo a un buen padre o madre de familia, a un gran profesionista, a un excelente hermano o hijo; porque sé que a Dios le voy a turnar a esos ángeles que necesita que cuiden a la humanidad.

—Tú a mí no me sirves para nada. Para qué te quiero llevar si hace tiempo, cuando empezaste a tomar, fuiste muriendo poco a poco. Ahora estás muerto en vida, no me salgas con que me quieres dejar tu alma, dime, ¿a quién le sirve un sujeto roído y sucio? —me gritó enérgicamente.

Con la cabeza agachada respondí:

—A nadie, pero mi familia me dio la espalda —dije sollozando.

Se compadeció de mí y me manifestó:

—Tonto, ellos no te dieron la espalda, tú se las diste. Sólo se preocupaban por tu bien, pero desde que empezaste a tomar, cambiaste radicalmente. Antes eras un buen esposo y padre, la bebida te transformó. Recuerdas que empezaste a engañar a tu esposa, que a tus hijos les pegabas cuando ellos te esperaban ansiosos para ir a jugar. ¿Cuándo fue la última vez que le diste un detalle a tu mujer o simplemente le dijiste *te quiero, mi amor*? Los perdiste poco a poco, sin darte cuenta. Recuerda que la gente que más te quiere te dirá tus errores, aunque te duela; sólo los hipócritas y falsos te adularán cuando sepan que estás mal, pero al final, cuando ya no tengan nada que sacarte, se irán y te dejarán solo. ¿Esto te recuerda algo de tu vida?

—Sí —asentí con la cabeza.

—Deja de beber, pues el vino en exceso embrutece al hombre y se convierte en un arma del diablo para destruir a la humanidad. Ve con tu familia, tus hijos y esposa, ofréceles una disculpa y cambia tu actitud; cuando Dios necesite de ti, te llegará tu hora.

Desde aquel instante cambió mi vida en forma radical, dejé de beber, me reconcilié con mi esposa e hijos. Ahora me toca reconciliarme con Dios y demostrarle a la vida que soy un gran discípulo del Señor. Ahora sé que mi siguiente encuentro con la muerte será muy diferente.

Enrique Villarreal Aguilar

Qué pasaría si en este momento una sombra se apareciera en tu vida y te dijera:

—¡Vas a morir en 24 horas, y se te va a juzgar sobre las cosas positivas y negativas que hiciste en la vida! Por lo que, tienes ese tiempo para enmendar tus errores.

¿Tú qué harías? ¿Tu balanza de qué lado se inclinaría? Recuerda que éste es el primer día que resta de tu existencia, haz que la balanza se incline del lado positivo.

> La muerte es un castigo para algunos, para otros un regalo y para muchos un favor.
>
> Séneca

Quiero morir cuando decline el día, en alta mar y con la cara al cielo, donde parezca un sueño la agonía, y el alma un ave que remonta el vuelo.

Manuel Gutiérrez Nájera

Aquél que vive más de una vida tiene que sufrir más de una muerte.

Oscar Wilde

Los ropajes

Cierto día la Hermosura y la Fealdad se juntaron a la orilla del mar. Y se dijeron:

—Vamos a remojarnos en el mar.

Luego, se desvistieron y nadaron en las aguas del mar. Después de un rato la Fealdad salió hacia la playa, se colocó los ropajes de la Hermosura y continuó su itinerario.

La Hermosura también salió del mar y, al no hallar su ropaje y siendo muy tímida para caminar desnuda, se colocó el ropaje de la Fealdad. Y la Hermosura igualmente continuó su itinerario.

Desde aquel momento los seres humanos las confunden y mezclan la una con la otra.

Sin embargo, hay personas que contemplan la cara de la hermosura y la reconocen sin importar los ropajes que lleva puestos. Y hay otras que reconocen la cara de la fealdad sin que el tejido se le esconda a sus ojos.

Gibrán Jalil Gibrán

No es el aspecto físico lo que hace a una persona fea o hermosa, sino lo que posee en su corazón. Aquéllos que están dispuestos a dar sin esperar nada a cambio y que saben que ésa es la razón que da sentido a la existencia llevan dentro de sí a la hermosura y recibirán las bendiciones de Dios.

> La vida es una flor de la que el amor es el néctar.
>
> VÍCTOR HUGO

> Dar las gracias no es más que una alegre y reverente elevación del corazón a Dios, en honor y apreciación por su bondad.
>
> JAMES R. MILLER

> La gratitud es la más bella flor que nace del alma.
>
> HENRY WARD BEECHER

Comida gratis

Cierto día una pequeña flotilla camaronera decidió usar un solo lugar como su base de operaciones.

Las gaviotas entonces tuvieron a su alcance una buena dotación de desperdicios de camarón.

Toda la comida que las aves pudieran comer; la tenían justo frente a sus picos. Durante tres años las gaviotas se deleitaron.

Pero un buen día los barcos camaroneros abandonaron el lugar y la comida gratis para las gaviotas se terminó.

Días después las gaviotas volaron sobre la bahía, aturdiendo con su gritería, perplejas y coléricas por haber perdido su acostumbrada comida.

Conforme pasaban los días, empezaron a morir por inanición.

Las aves habrían sobrevivido si hubieran hecho resurgir sus viejos hábitos de cacería, pero el largo período de comida gratis había atrofiado su instinto por esforzarse en obtener su alimento.

Anónimo

Dice un proverbio chino: *Si quieres darle de comer a un hombre un solo día, ofrécele un pescado, pero si quieres darle de comer toda la vida, enséñale a pescar.* Enseñemos a pescar a nuestros hijos, familiares, amigos y compañeros diciéndoles cómo se deben hacer las cosas y no darles nada sin una previa explicación; así contribuiremos a forjar un mundo mejor.

> Un poco de la fragancia se queda en la mano que da rosas.
>
> Proverbio chino

> Está bien dar cuando se nos pide, pero es mejor dar cuando no se nos pide, a través del entendimiento.
>
> Gibran Jalil Gibran

> Es mejor encender una pequeña vela que maldecir la obscuridad..
>
> Confucio

Para ser feliz

Cuando una mujer perdió a su esposo, al que amaba profundamente, se sintió sumergida en el más terrible de los desconsuelos. Por meses enteros pareció olvidar qué significaba sonreír.

Un día se asomó casualmente por la ventana y vio a dos niños en la calle.

Parecían muy pobres. Iban descalzos y cubiertos apenas por trapos. La mujer salió de su magnífica residencia y les preguntó:

—¿Quiénes son sus padres?

—Somos huérfanos —contestaron los niños.

—¿Quién cuida de ustedes? —preguntó aún.

—Nuestros vecinos nos hacen regalitos de vez en cuando —respondieron—, con los que hemos logrado sobrevivir.

Olvidándose por un momento de su dolor, la mujer llevó a los niños a una tienda y les dijo:

—Tomen lo que deseen: ropa, zapatos, dulces. ¡Lo que quieran!

Los niños no podían creerlo. Mientras elegían lo que necesitaban, su alegría llegó más allá de todo límite, y algo de su gozo se filtró en el corazón de la mujer.

Se olvidó de sus penas y por primera vez en meses su rostro se cubrió de sonrisas.

En la medida en que hacemos felices a los demás, nos hacemos felices a nosotros mismos y a menudo más.

J.P. Vaswani

Hagámonos el hábito de ser felices todos los días; esbocemos una sonrisa a toda la gente que encontremos a nuestro alrededor e irremediablemente nuestra vida habrá cambiado. En automático nos encontraremos con un cúmulo de personas que querrán ser nuestros amigos, pues a todo mundo le interesa convivir con gente que proyecte optimismo. Así, nos daremos cuenta de que como dice J.P. Vaswani: "En la medida en que hacemos felices a otros, nos hacemos felices a nosotros mismos".

> Sé generoso y serás próspero. Ayuda a los otros y serás ayudado.
>
> *Proverbios* 11,25

¡Sé generoso! Da a quienes amas; da a quienes te aman; da a los afortunados; da a los desafortunados; sí, da especialmente a quienes no deseas darles. Recibirás abundancia por tu dádiva. ¡Cuanto más das, más tendrás!

W. Clement Stone

Nadie se ha elevado a la verdadera estatura espiritual hasta que ha encontrado que es mejor servir a alguien más que servirse a sí mismo.

Woodrow Wilson

El país de los sueños

No sé su nombre, sólo sé que ese país era muy diferente a los que había visitado con anterioridad. Llegué a él por azares del destino o tal vez para comprender que todo se puede en esta vida.

En ese país, a pesar de que conviven diferentes razas, no existe diferencia en ninguna de ellas, los blancos van de la mano de los negros, los negros de los latinos, los latinos de los blancos y todos seguramente de la mano de Dios. Tal vez, porque comprenden que todos somos hijos del Señor.

No existen guerras y los problemas se solucionan mediante la empatía: el vencedor es el primero que perdona a su contrincante, y tiene como recompensa la amistad de éste y un sincero reconocimiento por su humildad.

El hambre quedó en el pasado; los ricos ayudan a los pobres, comparten su riqueza por medio de obras de caridad, pero no sólo donan dinero sino también comprensión y grandes toneladas de amor. En sus reuniones departen todos felices.

Cuando un niño queda huérfano, nunca falta alguien que le brinde todo su cariño o un hogar que lo admita en su seno. Ellos comprenden que los niños son la presencia más sublime de la existencia de Dios y son bienvenidos en cualquier casa.

No existe un edificio que esté dedicado a la justicia, ya que tienen claro que es en el interior de cada hombre donde se edifica este concepto. Después de meditar y realizar una introspección, cada uno sabe quién en realidad tiene la razón, empero, si alguien aún así no comprendiera, siempre hay un amigo que funge como árbitro para hacerlo recapacitar.

La mentira es castigada con la verdad, el odio con el amor, el rencor con el perdón, la vanidad con la humildad, la ociosidad con el trabajo, la difamación con la apología, la lujuria con la templanza y el mal con el bien; ya que sólo al actuar de esta forma se puede ser ejemplo de un mundo mejor.

Conforme transcurría mi recorrido y observaba lo hermoso de esa nación, un hombre se me acercó y me preguntó:

—¿Qué le parece nuestro país?

Sólo le pude responder:

—¡Asombroso!

Y le pregunté:

—¿Cómo puede mi patria ser como ésta?

A lo que me respondió:

—Es muy fácil, empieza por cambiar tú.

Desde ese día, antes de juzgar a mis semejantes, trato de pensar en qué fallé yo y aplicar los conceptos que observé. Mas hay una cosa que nunca supe de ese pueblo... su nombre; pero siempre lo llamaré el país de los sueños.

Enrique Villarreal Aguilar

Dice una vieja máxima: *La palabra convence, pero el ejemplo arrastra*. Si queremos aspirar a que en nuestra familia, trabajo o sociedad se respire un ambiente de armonía, paz y prosperidad, nosotros tenemos que ser el ejemplo del cambio que queremos ver en ellos. Hay que dejar las palabras o promesas para otro día; que sea el ejemplo el que hable por nosotros.

> Sólo existe un camino hacia la felicidad, y es el de ya no preocuparse de cosas que están más allá del poder de nuestra voluntad.
>
> Epicteto

> La dicha no está en las cosas; está dentro de nosotros.
>
> Richard Wagner

> Una palabra nos libera de todo el peso y el dolor de la vida. Esa palabra es el amor.
>
> Sófocles

El trabajo

El trabajo es el lugar
donde el hombre puede expresar
todas sus potencialidades
y alcanzar su realización.

ENRIQUE VILLARREAL AGUILAR

Afile la sierra

Cierto día un señor que paseaba en el campo se encontró frente a un leñador que afanosamente estaba cortando un tronco y el paseante le preguntó:

—Disculpe, señor, luce exhausto, ¿cuánto tiempo ha trabajado?

—Más de seis horas —fue su respuesta.

—¿No sería bueno que descansara un poco y afilara su serrucho?

El hombre respondió:

—No, no tengo tiempo, pues hay mucha leña que cortar.

—Pero si afila su sierra, cortará más rápido, y si descansa, tendrá fuerzas para cortar más.

Después de meditar un momento, el hombre comprendió que para cada tarea que emprendiera en la vida, debería prepararse física, mental y espiritualmente (afilando la sierra) y descansar para pensar mejor en qué aplicaría su esfuerzo.

Anónimo

El gran secreto para alcanzar el éxito está en la preparación combinada con un arduo trabajo, pues sólo así se llega a las grandes alturas. Claro que muchos dicen que es cuestión de suerte, pero ésta, como señala Oprah Winfrey: "No es más que la conjugación de la preparación con la oportunidad". Por lo que sólo nos queda, si queremos tener éxito, prepararnos para tener suerte.

> Cuanto más sepas, más suerte tendrás.
>
> Mike Todd

> Si encuentras una buena solución y te aferras a ella, esa solución puede convertirse en tu próximo problema.
>
> Anónimo

Quien desee hacer lo correcto al por mayor deberá equivocarse al por menor.

Montaigne

Iniciativa en el trabajo

Hace algunos años tres hermanos partieron de su pueblo en busca de trabajo en la ciudad. Todos ellos lo encontraron en la misma compañía, y empezaron con el mismo sueldo.

Dos años más tarde uno percibía un sueldo mensual de 300 dólares, el segundo de 400 dólares y el tercero de 500 dólares.

Su padre, al darse cuenta de esta diferencia de sueldos, decidió visitar al patrón de sus hijos y averiguar la razón de esta diferencia, que a él le parecía injusta. El patrón escuchó al confuso padre, luego volviéndose le dijo:

—Dejaré que los muchachos se expliquen por sí mismos.

Llamó al de sueldo más bajo y le dijo:

—Juan, tengo entendido que uno de nuestros barcos acaba de atracar, por favor, ve al muelle y toma el inventario.

Tres minutos más tarde, Juan regresó a la oficina.

—Tiene una carga de 2 000 pieles de nutria —reportó—, obtuve la información llamando al primer capitán por teléfono.

Tan pronto se fue Juan, llamó al segundo hijo, Pedro, y le dijo:

—Quiero que vayas al muelle y obtengas un inventario de la carga del barco que acaba de atracar, el *Oceanic*.

Una hora más tarde, Pedro estaba de regreso en la oficina con una lista que mostraba que el *Oceanic* no sólo llevaba 2 000 pieles de nutria, sino que también 500 de castor y 1 100 de visón.

Jorge, el de mayor sueldo, recibió las mismas instrucciones que sus hermanos.

Partió y regresó mucho más tarde de la hora de cierre y reportó:

—El *Oceanic* lleva 2000 pieles de nutria —comentó—, están a la venta a 5 dólares cada una, por lo que he cablegrafiado a un prospecto en San Luis para ofrecércelas a 7 dólares. Espero recibir el pedido mañana. También encontré 500 pieles de castor, las cuales vendí por teléfono con una ganancia de 700 dólares. Los visones eran de mala calidad, por lo que no traté de hacer nada con ellos.

Al partir Jorge, el patrón se volvió al padre y sonrió.

—Habrá notado —le dijo— que Juan no hace lo que se le pide, Pedro hace únicamente lo que se le pide y Jorge actúa por propia iniciativa mucho más allá de las instrucciones recibidas.

Anónimo

Uno de los grandes errores que cometemos como empleados es que creemos que hacemos las cosas bien y nunca razonamos si en verdad lo hacemos; es ahí donde estriba la gran diferencia entre un empleado común y uno sobresaliente. El primero cree que hace las cosas bien y nunca se exige nada; el segundo siempre piensa en mejorar y se exige mucho de sí, y da más de lo que se le pide. Precisamente del segundo nacen los grandes empresarios.

> El futuro jamás ha existido, hay que crearlo. ¿Usted se atrevería?.
>
> Will Durant

> El secreto de mi éxito como administrador es que me rodeo de personas más inteligentes que yo y las dejo trabajar.
>
> Lee Iacocca

> Señor, hazme siempre desear más de lo que pueda lograr.
>
> Miguel Ángel Buonarroti

Los mandamientos del maestro

1. Amarás a tus alumnos sobre todas las cosas.
2. Antes que las matemáticas, el español, la historia u otra materia, les enseñarás valores y predicarás con ejemplo y congruencia.
3. Honrarás tu profesión estudiando, trabajando y preparándote para ser mejor en esta noble carrera. Al grado de que si un día tu hijo te preguntará cuál carrera deberá estudiar, consideres una distinción decirle que la de maestro.
4. No mentirás, ni levantarás falso testimonio. Ni te atreverás a hacerle importunada su existencia a uno de tus discípulos por falsos resentimientos.
5. Suministrarás lo mejor de ti a los estudiantes, serás justo, no te guardarás ningún secreto y servirás en toda su magnitud, bien sea en un colegio de gobierno, rural o particular.
6. No gritarás, humillarás, ni sobajarás a ningún educando. El acato, la comprensión y la comunicación serán el estandarte que enarbole el puntal de tu carrera.
7. Formarás con amor, respeto y tolerancia a los seres que serán el futuro de tu ciudad, país y mundo.
8. Tratarás de la misma forma a todos tus colegiales; sin embargo, auxiliarás y comprenderás de forma diferente a los iguales en relación con los desiguales. Los primeros lo hacen bien; los segundos son en realidad los que te necesitan.
9. Deberás seguir los principios del maestro: guía, respeta, ama, tolera, impulsa, motiva, haz soñar, escucha, comprende, lleva a Dios en tu corazón y haz la gran diferencia.
10. Siempre llevarás el estandarte de maestro en tu espíritu, fincando amor, respeto y admiración en todos tus alumnos; al grado que, el día que te despidas de esta hermosa profesión, hagas soñar a un niño, enorgullecer al

adolescente y llorar al hombre. Ese día, hasta el más humilde de tus alumnos, dará gracias por cruzarse contigo en su existencia.

Gracias, maestro, por haberte cruzado en mi vida.

Enrique Villarreal Aguilar

El maestro sabe perfectamente cuándo debe imperar la razón sobre el sentimiento, no conoce la palabra *imposible* y en cada percance encuentra el camino que lo llevará al éxito. Es un guía, no un jefe; es un consejero, no un carcelero; es un amigo, no una autoridad; es la luz que te ilumina para llegar a la fuente del conocimiento, no un puente hacia la mediocridad. Hay quienes dicen que enseñan y hay quienes son maestros.

> Un maestro enseña más con lo que es que con lo que enseña.
>
> Enrique Villarreal Aguilar

> Un maestro hace mella en la eternidad; nunca sabrá dónde termina su influencia.
>
> Henry Adams

> Enseña a los jóvenes cómo pensar, no lo que han de pensar.
>
> Sydney Sugarman

¿Por qué no se asciende?

Un joven empleado, un tanto pasivo en su trabajo, le preguntó a su jefe la razón por la cual nunca había sido ascendido. Además manifestó que eso mismo observaba en otros compañeros.

—¿Por qué? —insistió— ¿Le hemos hecho algo?

El jefe, en forma serena y con una leve sonrisa, contestó:

—A continuación te voy a dar una lista de razones por las cuales una persona no crece en su empleo y después tú me responderás a tu cuestionamiento. Éstas son:

- Dejar las cosas siempre para mañana.
- No prepararse adecuadamente en el empleo (no capacitarse).
- Quejarse siempre de y por todo, sin dar soluciones a nada.
- Ser el último en llegar, pero el primero en irse.
- Hacer las cosas a medias (mediocremente).
- Trabajar para subsistir y no para realizarse.
- Faltar constantemente.
- No preocuparse por dar el mejor servicio.
- Siempre tener excusas para no cumplir.
- Y, sobre todo, perder la fe en uno mismo y, así, no crecer como persona, representante de la empresa o ejecutivo.

El joven se levantó de su asiento, sonrió y simplemente se fue a trabajar.

Enrique Villarreal Aguilar

Siempre existen momentos clave en la vida en los que obtenemos oportunidades para crecer, por ello, tenemos que desarrollar las actitudes, aptitudes y conocimientos necesarios para aprovechar dichas circunstancias, de esa manera, alcanzaremos la cumbre soñada.

El que quiera ser mejor entre vosotros deberá ser el mejor servidor de los demás.

MATEO 20, 26

Tú puedes lograr lo que quieras en la vida si ayudas a la gente a lograr lo que ellos quieren en la vida.

Ronald Reagan

Cuando el trabajo es placer, la vida es una delicia. Cuando el trabajo es una obligación, la vida es esclavitud.

Anónimo

Las razones de ser empresario

Un joven, hijo de un exitoso empresario, cuestionaba constante y duramente a su padre. Con frecuencia le reprochaba el olvido en el que lo tenía por atender su empresa.

El empresario esperó el momento adecuado y habló con su hijo:

—Quiero que sepas, hijo, que entiendo tu actitud. Ciertamente no he estado contigo todo el tiempo deseado, por estar en la empresa.

Pero, ¿sabes?, la empresa para mí es el camino por medio del cual un hombre crea, se esfuerza, se fija metas, puede realizarse y sentirse útil. La empresa es la extensión de uno mismo.

Además, no puedo ni debo ignorar que los empleados, los obreros y sus familias dependen de la empresa. Tengo un compromiso con todos ellos.

El dinero que gano a través de la empresa no sólo me permite sostener a la familia; con ese medio es posible luchar a favor de nuestros ideales, de una sociedad más libre y próspera.

Claro que todo esto no justifica el alejamiento que he tenido de ti y de tu mundo. Permíteme que te tome de la mano y te muestre lo que es la vida de un empresario; que compartas conmigo los problemas, los privilegios y la enorme responsabilidad que implica esta profesión.

Así, el día de mañana escogerás tu propio camino.

No quiero cometer el mismo error de tantos solitarios hombres de negocios que no fueron capaces de heredar a sus hijos sus ideales y valores humanos y espirituales, conformándose tan sólo con darles dinero, que muchas veces se convierte en un instrumento para su propia destrucción.

Anónimo

Mostremos a nuestros hijos el camino que los lleve a la cumbre, asesorándolos constantemente sobre las actitudes que deberán mostrar ante la vida y forjándoles un carácter de triunfadores. Es cierto, tendrán que caer en varias ocasiones y tropezar con varias piedras, pero como padres y asesores debemos apartarlas del camino para que realicen antes que nosotros su marcha triunfal.

Una empresa se juzga por el presidente que tenga.

JAMES HULBERT

El único sitio donde el éxito está antes que el trabajo, es en el diccionario.

VIDAL SASSOON

Negocio de todo mundo es negocio de nadie.

PROVERBIO INGLÉS

La práctica hace al campeón

En una carrera de 100 metros, en un ambiente muy cálido, se enfrentaron individuos de diferentes naciones.

El objetivo: luchar contra el clima y el reloj.

El ganador hizo un tiempo de once segundos, veinte centésimas de segundo.

El segundo lugar hizo un tiempo de once segundos, veintisiete centésimas de segundo.

La diferencia entre ser campeón y alguien más sólo fue de ¡siete centésimas de segundo.

Al acercarse un comentarista a entrevistar al campeón, le dijo a este último:

—Tuvo suerte de llegar en primer lugar, porque la diferencia fue mínima.

A lo que el campeón respondió:

—Si levantarse todos los días a practicar mientras otros están dormidos, dejar de divertirse mientras otros sí lo hacen, realizar el mejor esfuerzo para que en cada entrenamiento le gane unas centésimas de segundo a mi propio récord, le llama suerte; entonces sí, la tuve.

Anónimo

Dicen que la teoría hace al maestro y la práctica al campeón; sin embargo, estas dos hacen al líder, por lo que es fundamental estudiar y establecer la praxis. Una vez que se llega a la cumbre, es común que se confunda el triunfo con la suerte. No todos conjugaron la teoría y la práctica y formaron ese carácter férreo, es por eso que George S. Clason dice que la "suerte es una arrogante diosa que no desperdicia tiempo con la gente no preparada".

Lánzate a fondo para llegar a ser lo que quieres en la vida.

Anónimo

De los altos espírituses aspirar a las cosas altas.

Miguel de Cervantes

Los pequeños detalles hacen la perfección y la perfección jamás será un pequeño detalle.

Miguel Ángel Buonarroti

Parábola de la educación

Iba un hombre caminando por el desierto cuando oyó una voz que le dijo:

—Levanta algunos guijarros, mételos a tu bolsillo y mañana te sentirás, a la vez, triste y contento.

Aquel hombre obedeció. Se inclinó, recogió un puñado de guijarros y se los metió en el bolsillo.

A la mañana siguiente, vio que los guijarros se habían convertido en diamantes, rubíes y esmeraldas.

Y se sintió feliz y triste. Feliz, por haber cogido guijarros; triste, por no haber cogido más.

Lo mismo ocurre con la educación.

W. Cunningham

¿Quieres aspirar a los grandes puestos, obtener grandes fortunas, ser líder en tu entorno, llamar la atención en todos los lugares a los que asistas? En síntesis, ¿quieres ser un triunfador? La respuesta es muy sencilla: Capacítate, prepárate, edúcate. De lo contrario, observarás a otros que sí lo hicieron y te sentirás triste, pero si te educas, lo obtendrás y te sentirás feliz.

La educación es un ornamento en la prosperidad y un refugio en la adversidad.

Aristóteles

> La educación disciplina, cultiva y moraliza. El hombre no es otra cosa que lo que la educación hace de él.
>
> Immanuel Kant

> El fin supremo de la educación es el de discernir entre todas las cosas; el poder diferenciar lo bueno de lo malo, lo genuino de lo falso; y de preferir lo bueno y lo genuino, a lo malo y lo falso.
>
> Samuel Johnson

La preparación es el camino al éxito

Un señor discutía con su hijo porque el niño no quería ir a la escuela, pues le resultaba muy aburrida y tenía que trabajar mucho.

Al observar esta reacción, el señor decidió darle una lección a su hijo y le manifestó:

—Bien, hijo, ¿así que ya no quieres ir a la escuela? Te invito a dar un paseo.

El niño, extrañado por la reacción de su padre y asintiendo con la cabeza, aceptó su invitación y se subieron al automóvil.

Transcurridos varios minutos, el niño vio que llegaban a un rumbo de lo más pobre de la ciudad.

El señor se detuvo para que su hijo contemplara lo que ahí había: gente con harapos que gritaban groserías, niños mal atendidos que lloraban en casas de cartón sin ninguna comodidad, jóvenes drogadictos en un ambiente deprimente.

De súbito, el señor aceleró el automóvil y se trasladaron a otro lugar. A los 20 minutos se detuvo en una de las colonias más bellas de la ciudad, y juntos observaron una hermosa casa con grandes jardines en una zona pacífica y elegante. Todo lo contrario al lugar visto anteriormente.

Y le cuestionó a su hijo:

—¿Cuál de los dos lugares te gustó más?

—Pues la zona elegante, papá —respondió el niño.

—Bien, hijo, para que vivas en una zona elegante tienes que tener éxito, y para tenerlo, tienes que prepararte e ir a la escuela.

Enrique Villarreal Aguilar

Sólo mediante la preparación tendrás la suerte de triunfar en la vida y obtener todo lo que has soñado, por lo que es trascendental formarnos este gran hábito.

> Lo que hagas sin esfuerzo y sin presteza durar no puede ni tener belleza.
>
> PLUTARCO

> Suerte es la conjugación de la preparación con la oportunidad.
>
> OPRAH WINFREY

> Para hacer posible lo imposible, la fe y la perseverancia son las que abren el camino.
>
> KONOSUKE MATSUSHITA

La verdadera riqueza

Si existiera un banco que acreditara en su cuenta 86400 pesos cada mañana, que no transfiriera el saldo disponible de un día al día siguiente, que no le permitiera conservar efectivo y que al final del día cancelara la parte de esa cantidad que usted no hubiera usado,

¿qué haría? Por supuesto, sacar día a día hasta el último centavo y aprovechar todo el dinero.

Pues bien, tal banco existe: se llama *tiempo*. Cada día le acredita 86 400 segundos y cada noche, definitivamente, da por perdidos cuantos haya dejado de emplear provechosamente. Nunca transfiere los saldos, ni permite que usted se sobregire. Cuando no usa lo disponible ese día, el único que pierde es usted. No existe recuperación de fondos. Tampoco es posible girar cheques sobre el mañana.

De cada persona depende invertir este precioso caudal de horas, minutos y segundos para obtener los máximos dividendos en cuanto a salud, felicidad y éxito.

Anónimo

No desperdicies el tiempo porque él se lleva parte de ti, planea tus diligencias y da prioridad a tus funciones; realiza lo importante y trata de que haya pocos urgentes en la vida, porque si hay muchos, indica que no te administras bien. Evita perderlo en cosas intrascendentes y no importantes; delega y procura adquirir excelentes hábitos. Recuerda que el tiempo puede ser tu peor o mejor aliado, tú decides de qué lado lo quieres tener.

> Saber distribuir el tiempo es una disciplina que paga excelentes dividendos, tanto en lo económico como en lo moral.
>
> WILLIAM GLADSTONE

> El tiempo que huye no puede ser recuperado.
>
> VIRGILIO

> Elegir el tiempo es ahorrar tiempo.
>
> FRANCIS BACON

Si fueran los últimos días de tu vida

Si fueran los últimos días de tu vida:
¿A quién le dirías *te amo*?
¿Con quién compartirías tus momentos?
¿Con quién te reconciliarías?
¿Qué viajes realizarías?
¿A qué personas visitarías?
¿Qué querrías para los seres que amas?
¿De qué te arrepentirías?
¿Qué te hubiera gustado lograr?
¿Discutirías con las personas o llevarías una excelente relación?
¿Cuánto tiempo le dedicarías a Dios?

Es importante que respondas a cada una de estas interrogantes, porque Dios te da la oportunidad de seguir viviendo, pero no sabes cuándo, en qué esquina o lugar llegará el adiós definitivo.

Por lo que ahora es un buen momento:
Para decirle *te amo* a todos tus seres queridos.
Para compartir tiempo con tus hijos, padres, familiares o amigos.
Para reconciliarte con esa persona a quien amas.
Para viajar al lugar que siempre has querido.
Para visitar al anciano y abrazar a tu madre.
Para forjar el futuro de los seres que amas.
Para enmendar tus errores.
Para lograr tus sueños.
Para ser feliz y agradecerle a Dios el milagro de la vida.

Enrique Villarreal Aguilar

No dejes para mañana lo que debes hacer hoy, ya que nunca sabrás si tendrás la oportunidad de realizarlo. Ama profundamente y demuestra tu gran pasión a aquéllos que quieres. Termina tus proyectos y deja en tu camino un legado de grandeza y, más que dinero, hereda principios que sean la base de un futuro promisorio de todos los que tanto amas.

Muchas personas se pierden las pequeñas alegrías mientras aguardan la gran felicidad.

Pearl S. Buck

Aquél que ha sembrado frutos de aflicción, nunca degustara el maravilloso sabor que dejan los frutos de la felicidad.

Enrique Villarreal Aguilar

Los ganadores en la vida siempre piensan en términos de *hoy puedo, yo haré* y *yo soy*. Los perdedores, por otro lado, concentran sus pensamientos alertas en lo que deberían haber hecho, hubiesen podido hacer o no hacen.

Denis Waitley

Dios

La mejor obra hecha en la vida
por un escultor es el hombre.
Su creador: Dios.

ENRIQUE VILLARREAL AGUILAR

Encuentro con un ángel

Un día como cualquier otro, rumbo a mi destino, observé en mis alrededores desolación, pesimismo e incertidumbre, acompañados de guerras, sevicia, prostitución, hambre y lujuria.

Cabizbajo y sin ninguna esperanza, súbitamente presencié en mi camino un ángel hermoso y una luz que emanaba paz.

Curioso me acerqué a él y le pregunté:

—¿Quién eres tú?

—Algunos me llaman conciencia, otros ángel de la guarda —respondió—. Sé que estás muy triste, tu aspecto es un tanto pesimista, ¿por qué?

Y mi réplica en tono de protesta fue:

—¿Qué acaso no ves todo lo que le sucede a la humanidad? Mujeres que se prostituyen, niños con hambre en las calles, ancianos abandonados, jóvenes sin escrúpulos que se drogan o alcoholizan hasta embrutecerse.

Sin decir una sola palabra, observé en sus ojos una expresión de compasión hacia mí. Instantes después me manifestó:

—¿Y tú qué has hecho por ellos, ya que te quejas tanto? ¿Acaso has pagado el precio?

—Pero no tengo dinero —volví a replicar.

—No se trata de dinero, sino de perseverar para obtener un mundo mejor, y la moneda con la que pagarás tiene muchos nombres.

Si queremos alegría, paguemos con amor. Si queremos bienestar, paguemos con trabajo. Si queremos salud, paguemos concuidados. Si queremos un mundo mejor, paguemos con compromiso.

—Compromiso para dar sin recibir nada a cambio, sólo la satisfacción de la sonrisita de un niño feliz, de un joven sano y estudioso con un gran futuro, de un viejecito agradecido.

—¿Quieres tener esto en la vida?

Asentí con la cabeza.

—Pues paga el precio.

Y comprendí que la clave para ser feliz en la vida consiste en dar.

Dios nos proporcionó ese don para tener el valor de luchar por nuestros ideales con la firme esperanza de un mundo mejor; siempre y cuando estemos dispuestos a pagar el precio de la vida, pero no con dinero, sino con amor.

Enrique Villarreal Aguilar

¿Cuántas ocasiones esperamos que nos den todo a cambio de nada? Creemos que lo merecemos, aunque no ofrezcamos ningún detalle. Uno de los dones más grandes que tenemos los seres humanos es la capacidad de dar sin esperar nada a cambio, por eso, la regla máxima de las relaciones humanas pronunciada por Jesús es: "El que quiera ser más poderoso entre vosotros, deberá ser el mejor servidor de los demás".

Un barco no debe estar sujeto por una sola ancla, ni la vida por una sola esperanza.

Epicteto

Mientras hay vida, hay esperanza.

Proverbio español

El ocaso de una gran esperanza es como el ocaso del sol; con ella se extingue el esplendor de nuestra vida.

Longfellow

La tienda del cielo

Hace mucho tiempo, caminando por la vida, vi un letrero que decía: *la tienda del cielo*. Me acerqué y la puerta se abrió.

Cuando me di cuenta ya estaba adentro. Vi muchos ángeles; uno de ellos se acercó a mí, me dio una canasta y dijo:

—Hijo, compra con cuidado. Todo lo que una persona necesita lo encontrará en esta tienda. Lo que puedas llevar ahora, lo llevarás después. Primero, compra paciencia; el amor está en la misma fila, más abajo encuentras la comprensión, eso que se necesita donde quiera que vayas.

Y compré sabiduría, fe y no olvidé el amor. ¿Cómo iba a olvidarlo si estaba por doquier?

Llegué al cajero y le pregunté:

—¿Cuánto le debo?

Sonrió el ángel cajero y respondió:

—Lleva tu canasta a donde vayas, eso es todo.

Anónimo

Existe un lugar maravilloso donde puedes encontrar todos los dones sobre la Tierra; donde el amor se siembra diariamente y se cosecha comprensión; donde el hombre puede alcanzar la máxima realización si así se lo propone y donde nacen los grandes idealistas, soñadores y los hombres de éxito. Ese lugar es muy fácil de encontrar, se ubica *en tu interior*.

> Todos tenemos la capacidad de ser virtuosos si nos esforzamos en lograrlo.
>
> Anónimo

> La felicidad depende de nosotros mismos.
>
> Aristóteles

Vosotros sois la luz del mundo.

Mateo 5,14

El amor mueve al sol y a las estrellas.

Dante

¿Qué significa *mamá*?

Estaban padre e hijo recostados en la arena del mar disfrutando un hermoso ocaso cuando, de pronto, el niño cuestionó a su papá:

—Papá, ¿qué es una mamá?

Y el papá, observando los hermosos ojos de su hijo, respondió:

—Hijo mío, una mamá es un ser extraordinario que te brinda amor a cambio de una sonrisa y, a veces, hasta de un desprecio, porque tiene la virtud de la falta de memoria. Jamás recordará tus malas acciones, sólo las buenas, es decir, que para una madre no hay hijos malos.

Con sus besos hará que germine y florezca amor en tu corazoncito; esa hermosa criatura divina tendrá el don de sanarlo todo. ¿Recuerdas cuando jugando en tu patineta resbalaste en el jardín y te raspaste tus rodillitas? La primera que corrió a auxiliarte fue ella y así será en cada etapa de tu vida.

En cualquier instante te apoyará y disfrutará tus triunfos y victorias; empero, en las ocasiones ásperas siempre permanecerá a tu lado y se acercará a ti y te abrazará con esa ternura que sólo ella tiene, cualquiera que sea tu edad, y te dirá: "Ya, mi amor, no te preocupes, todo se solucionará".

Y no importa todo lo que tenga qué hacer, las madres jamás se arredran ante los problemas. Dios les concedió el don de tener la sutileza de una bella flor, pero la firmeza de un roble, por lo que permanecerá a tu lado hasta salir avante.

Ese ángel maravilloso te proporcionará lo que deseas, luchando incansablemente para obtenerlo, y cuando te sientas solo, andará a tu lado para llenar los huecos vacíos que quedaron en tu vida por aquellas falsas amistades.

En donde quiera que te encuentres, ella cuidará de ti, te observará y siempre te recibirá con ternura y los brazos abiertos para refugiarte en ellos. A su lado nunca te sentirás indefenso; ella dará hasta la vida para protegerte.

Tiene la cualidad de curarse sola, de perdonar aquellas cosas que, aunque le duelen, su temple le permite olvidar. Es sensible, apasionada, soñadora, creativa, optimista, disciplinada, protectora y hasta un poco economista.

Con su canto velará tu sueño y te proporcionará seguridad, pero antes de dormir juntará tus manitas y unidos le rezarán a Dios: "Padre nuestro que estás en los cielos...", para que les conserve la dicha de estar unidos.

La madre, hijo, es un ángel que Dios nos envió para hacer más placentera la vida e irá siempre adonde tú vayas y vivirá donde tú vivas, pues su imagen permanecerá inmanente en tu corazón.

Interrumpiendo las palabras de su padre, el niño preguntó:

—¿Tu mamá vive, papá?

—¿Ves aquella estrella, la más hermosa del firmamento?

—Sí, papi.

—Pues ahí, junto a Dios, vive tu abuelita.

Y el niño sollozando exclamó:

—Extraño a mi mami.

En eso llegó la madre, abrazó a su hijo, y el niño estrechando con sus bracitos el cuerpo de su mamá, gritó:

—Mami, ¡te quiero mucho!

Y en aquel instante comprendió lo valioso que tenía a su lado, lo hermoso y dulce de la palabra *mamá*.

Enrique Villarreal Aguilar

Si pudiéramos conjugar en una sola palabra los conceptos ternura, amor, fe, esperanza, consuelo, alegría, temple e intuición, seguramente llegaríamos a la conclusión de que sólo hay una que los contiene todos: *mamá*.

> Siempre pienso que la mejor manera de conocer a Dios es amar muchas cosas.
>
> Vincent Van Gogh

> Amor es una palabra pequeña, las personas la hacen grande.
>
> Anónimo

> No existe ninguna fórmula o método. Aprendes a amar, amando[...].
>
> Aldous Huxley

La cena con Dios

Hoy es el día más feliz de mi existencia. Invité a cenar a mi hogar a Dios, y lo más sorprendente es que aceptó, tal vez porque festejamos la Navidad.

Así que decidí arreglar en forma muy especial la casa, necesitaba que todo estuviera en perfecto orden. ¡No lo podía creer! ¡Dios va a cenar con mi familia!

Este evento tan especial no se lo comenté a nadie para que fuera una sorpresa; sólo les pedí que dejaran un lugar en la mesa y, aunque se encontraban un tanto extrañados, lo hicieron.

El tiempo transcurría, la noche se acercaba y acrecentaba mi nerviosismo. Al dar las 8:00 de la noche los invitados empezaron a llegar: mis padres, hermanos, primos, amigos; ninguno de ellos imaginaba lo que estaban a punto de ver.

Al observar a tanta gente, decidí comprar unos refrigerios; subí al automóvil, y en el trayecto a la tienda de autoservicio, observé a un niño que me pedía una moneda para mal comer. Aquel chiquillo me inspiró ternura; decidí invitarlo a cenar. Se subió al automóvil, y al llegar a la tienda, nos encontramos a una viejecita que me pedía un trozo de pan; sin saber porqué, le compré varias cosas para que cenara. Como agradecimiento me dio su bendición; sentí algo hermoso.

Rumbo a mi hogar, observé a una jovencita que vendía, por pocas monedas, su cuerpo y estaba temblando de frío; cosa extraña, tomé mi saco, me le acerqué y la cobijé con él. Le di mi tarjeta para que me visitara después, ofreciéndole un buen trabajo, y le pedí que no siguiera vendiendo su cuerpo. Además, le regalé mis refrigerios; la chica sólo sonrió, se enjugó una lágrima y partió feliz a su hogar. Al final llegué sin nada a mi casa.

Mi niño invitado, después de bañarse y estrenar una ropita que le regalaron mis hijos, departía feliz con ellos. El tiempo transcurría y Dios no llegaba.

Se sirvió la cena, y en su lugar vacío, senté al niño. Mi familia estaba orgullosa de mí, pues creían que esa era la sorpresa, pero en realidad era otra.

Dios nunca llegó; antes de dormir, me encerré en mi cuarto y le reclamé sollozando:

—Dios, tú me prometiste que cenarías en mi casa, ¿por qué hiciste esto, por qué me fallaste?

Y Dios con su hermosa voz me contestó:

—Hijo mío, yo cené en tu casa y siempre estuve a tu lado; compartí el pan con aquella viejecita de la tienda, te ayudé a cobijar a esa pobre niña, ¿acaso no lo recuerdas?

—Pero, Dios, no te vi —respondí.

—Disfruté contigo la dicha de tus padres, tus amigos, tu familia, jugué con tus hijos, compartí el orgullo de tu familia hacia ti y claro que cené con ustedes.

—Pero no te vi —volví a responder.

—¿Recuerdas aquel niño al que invitaste a cenar y sentaste en aquel lugar vacío?

—Sí.

—Pues ahí estuve yo.

Rápido corrí a ver al niño invitado y, sorpresivamente ya no estaba. Desde entonces cada Navidad invito a un niño a cenar a mi hogar, juntos nos divertimos y rezamos el Padre Nuestro.

Enrique Villareal Aguilar

Reza un bello pensamiento de San Francisco de Sales: "Apóyate en su mano y Él, con seguridad, te guiará hacia todas las cosas y, cuando no puedas soportar, Él te sostendrá en sus brazos. No mires hacia lo que pueda pasar mañana, nuestro Padre te protegerá del sufrimiento o te dará la fortaleza para soportarlo".

Recuerda que Dios siempre está contigo en tus buenas acciones, consérvalo a tu lado.

> Si quieres conocer a Dios, mira a tu alrededor; lo verás jugando en los niños y sonriendo en las flores.
>
> Gilbran Jalil Gibran

> Lo que Dios busca es tu corazón, más que tu ofrenda.
>
> San Agustín

> Dios es el comienzo, el medio y el fin.
>
> Platón

Carta de Jesús

Me senté en la mejor de las estrellas y pensé en ti, porque, ¿sabes?, te amo.

Por eso hice un mundo donde quepas, hasta que llegue el momento en que vivas junto a mí. En ese mundo puse la belleza en una flor, tierra y semilla para que pudieras comer; al cielo le di el día y la noche, en el día puse al sol para que sintieras el calor de mi amor y en la noche frescura para que sintieras sin ver.

En la oscuridad puse a la luna y las estrellas, para que supieras que en la penumbra hay belleza, y que ésta no sólo se ve, sino se siente... y en las estrellas puse mensajes.

Puse un mar donde hay animales, todos diferentes de forma y color, para que los pudieras distinguir. También pensé en ellos y les di un lugar para vivir.

En tu mundo puse la selva. Pensé que te aburrirías si todo fuera del mismo color, por lo que a las plantas les di el verde, al día el azul, a la noche el negro, a las estrellas su brillo y hasta a tus ojos les di color. Puse el mal para que pudieras conocer el bien. Puse en tu corazón bondad, amor y también el perdón.

Pensé que no podrías estar solo e hice un hombre y una mujer, para que le dieran cuerpo a lo que yo daría la vida, y mandé muchos como tú. También pensé que entenderías, por lo que te di inteligencia. ¡Estaba yo feliz! Pero luego vi que no sabías pensar y, ¿sabes?, sentí horrible cuando pensaste que yo no existía, que todo tenía una explicación científica y la tiene, porque la puse para que pudieras entenderme con mayor facilidad.

Y como te amo, de vez en cuando o muy seguido, te mando un problema, es decir, un regalo que te doy para que aprendas a creer y a crecer, y, aún así, dudas de mí.

Todo el tiempo pienso en ti, todos los días te mando una señal. Y yo que te di los ojos, te veo ciego. Y en el mundo que te regalé, sembraste semillas, pero no para comer; sembraste el odio, el egoísmo, la frialdad y la indiferencia y las dejaste crecer; te pedí que las cortaras y no hiciste caso, porque vives bien en tu mundo material. Y como te haces sordo a mi voz, decidí escribirte esta carta para recordarte que te amo y, si me has hecho daño, te perdono. Yo también siento. Eres mi hijo y jamás te dejaré, mi querido pequeño.

Ahora esperaré, tendré paciencia. Recuerda que te espero con los brazos abiertos.

No necesito decirte quién soy… tú ya lo sabes.

Anónimo

Has visto lo maravilloso de un amanecer, la fantasía del universo y un crepúsculo en el mar. Has sentido la armonía de la naturaleza, la belleza de sus flores, la perfección de un niño y el amor cuando te dice *papá*. Después de meditar esto, recapacito y pienso: *No puede existir tanta perfección sin Dios.*

Todo hombre debe alcanzar el cielo a su manera.

Federico II el Grande

El cielo y el infierno están en tu corazón, el éxito y el fracaso en tus actitudes.

Enrique Villarreal Aguilar

Sólo el que es humilde podrá comprender la grandeza de los demás; sentirá que casi todos los subordinados valen más que él.

Konosuke Matsushita

Mujer

Dios estaba muy ocupado creando a las madres; llevaba seis días trabajando extraordinariamente cuando un ángel se le presentó y le dijo:

—Te afanas demasiado, Señor.

—¿Acaso no has leído las especificaciones que debe llenar este pedido? Esta criatura tiene que ser lavable de pies a cabeza, pero sin ser de plástico; llevar 180 piezas movibles, todas reemplazables; funcionar a base de café negro y de las sobras de la comida. Poseer un regazo que desaparezca cuando se ponga de pie; un beso capaz de curarlo todo, desde una pierna rota hasta un amor frustrado; además de seis pares de manos.

Y el ángel confundido dijo:

—¿Seis pares de manos? Eso no es posible.

—No son las manos el problema —agregó el Señor—, sino los tres pares de ojos.

—Y eso, ¿para el modelo normal? —inquirió el ángel.

El Señor insistió:

—Uno para ver a través de la puerta siempre que pregunte: "Niños, ¿qué andan haciendo?", aunque ya lo sepa muy bien. Otro detrás de la cabeza para ver lo que más valiera ignorar pero precisa saber. Y desde luego, los de adelante para mirar a un niño en apuros y decirle sin pronunciar siquiera una palabra: "Ya entiendo hijo y te quiero mucho".

El ángel tiró de la manga y advirtió mansamente:

—Vale más que te vayas a la cama, Señor, mañana será otro día.

—No puedo y, además, me falta poco. Ya hice una que se cura por sí sola cuando enferma, que es capaz de alimentar a una familia de seis con medio kilo de carne molida y de persuadir a un chiquillo de nueve años para que se esté quieto bajo la ducha.

Lentamente el ángel dio la vuelta en torno de uno de los modelos maternales.

—Me parece demasiado delicado —comentó con un suspiro.

—Pero es muy resistente —aseguró Dios, emocionado—, no tienes idea de lo que es capaz de hacer y sobrellevar.

—¿Podrá pensar?

—¡Claro! Y razonar y transigir.

Por último, el ángel se inclinó y pasó una mano por la mejilla del modelo.

—¡Tiene una fuga!

—No es una fuga, es una lágrima.

—¿Y para qué sirve?

—Para expresar gozo, aflicción, desengaño, pesadumbre, soledad y orgullo.

—Eres un genio, Señor —dijo el ángel.

Y Dios, con un perfil de tristeza, respondió:

—Yo no se la puse.

Anónimo

Las familias más felices siempre estarán presididas por grandes mujeres, quienes jamás se arredran ante los problemas y siempre buscan soluciones. Juegan el papel de hijas, esposas, madres, ejecutivas y amas de casa, y todas estas funciones las realizan perfectamente, convirtiéndose en el mejor ejemplo para sus hijos. Tal vez por eso dice el refrán: *Detrás de cada gran hombre siempre hay una gran mujer*; pero podría decir que siempre hubo una gran madre.

> Dios no podía estar en todas partes, así que creó a las madres.
>
> Proverbio judío

> Una mujer debe ser un genio para crear un excelente esposo.
>
> Balzac

> Mujer, te deberían llamar amor.
>
> Enrique Villarreal Aguilar

Y Dios creó al hombre

En un principio Dios creó el cielo, la Tierra, los animales y las aves. Después de tanta perfección, los ángeles no sabían que faltaba lo más maravilloso.

Y Dios se puso a crear al hombre a su imagen y semejanza. Un ángel se le acercó y dijo:

—¡Qué hermosa criatura, Señor!, ¿cómo lo denominarás?

Y Dios respondió:

—Le llamaré *hombre.*

—Lo hiciste a nuestra imagen y semejanza, ¿por qué, Señor? —cuestionó el ángel.

—Porque es hijo mío y ¿qué acaso los padres no queremos que nuestros hijos hereden lo más hermoso de nosotros?

—¿Y qué otros atributos tendrá, Señor?

Jubiloso, Dios respondió:

—Es una obra muy especial: Va a tener la capacidad de razonar, y con ello conquistará el cielo, la tierra, los mares y todo a su alrededor. Tendrá dominio sobre las aves, los animales, los peces, etcétera. Será nombrado *rey* y llamado *hijo de Dios.*

Tendrá la facultad de perpetuar su especie, de sentir el amor por medio de un niño que le diga *¡te quiero, papi!*, además de abrazarlo, besarlo y demostrarle todos sus sentimientos.

Será un idealista, está hecho para triunfar y alcanzar las estrellas. Sus sueños serán cumplidos si él quiere, sólo tiene que actuar. Con fe podrá mover montañas y realizar lo imposible.

Pondrá orden y paz sobre la tierra, porque lleva en su corazón bastante amor como para ayudar a quien lo necesite y alcanzar la felicidad.

Tiene la facultad de reír, llorar, perdonar, perseverar y disfrutar lo hermoso de la naturaleza con todos los regalos que le he dejado, crear su presente y planear el futuro. Y orar para darme gracias por todos los dones que le concedí.

Y el ángel volvió a preguntar:

—Entonces, ¿ellos van a controlar su propio destino?

Y Dios, un tanto triste, respondió:

—Así es, amo tanto a mi hijo que dejo que él decida por sí mismo. Tendrá la facultad de escoger entre el bien y el mal, el éxito o el fracaso, la verdad o la mentira, el amor o el desamor, la felicidad o la infelicidad.

En ese instante Dios se enjugó una lágrima y el ángel con su mirada preguntó:

—¿Qué te pasa, Señor?

Y Dios respondió:

—Es que sufriría bastante si, con todos los dones que le concedí al hombre, no triunfara en la vida.

Enrique Villarreal Aguilar

Somos la máxima creación del universo. Tenemos todos los dones para ser exitosos y alcanzar las cumbres que soñemos; poseemos la capacidad de ser felices, el único problema es que no queremos entenderlo y, si lo hacemos, no nos esforzamos para realizarlo. Éste es el momento de cambiar, de mostrarnos a nosotros mismos que podemos escalar en forma eficaz los peldaños del camino para obtener lo mejor de la vida.

> Un hombre puede lograr todo con sólo desearlo.
>
> Leon Battista Alberti

> El hombre para sí mismo es el objeto más prodigioso de la naturaleza.
>
> Pascal

> El que pretende lo inalcanzable es más fuerte que el destino.
>
> Stefan Zweig

Huellas

Una noche soñaba que, a lo largo de la playa, el Señor iba conmigo. Momentos imborrables de mi vida aparecieron como el firmamento.

En cada uno de ellos presencié huellas en la arena, algunas veces había dos pares de éstas; sin embargo, otras veces había solamente un par.

Esto me inquietó, porque me di cuenta de que durante los periodos de mi vida, cuando sufrí angustias, dolores, impotencias y fracasos, podía ver solamente un par de huellas, así que le pregunté al Señor:

—Tú me prometiste, buen Dios, que siempre que te siguiera caminarías a mi lado, pero durante las etapas más duras de mi vida, sólo he podido ver un par de huellas en la arena.

—¿Por qué, Señor, cuando más te necesito no has estado conmigo?

Y el Señor me contestó:

—Todas las veces que has visto sólo un par de huellas, mi querido hijo, es porque estás sufriendo tanto que he decidido llevarte en mis brazos. Por eso, las otras dos huellas se han perdido en la arena.

Anónimo

Sonríele a la vida; ama tu destino, a la gente y siembra alegría en tus semejantes. En los momentos de adversidad, piensa positivamente y ten fe en que se solucionarán tus problemas, porque de algo puedes estar seguro: cualquiera que sea el momento que vivas, Dios siempre estará contigo.

Yo soy el camino, la verdad y la vida.

Juan 14, 6

Encomienda al Señor tu camino, confía en él, que él actuará.

Salmos 37, 5

Gloria a Dios en las alturas y paz a los hombres de buena voluntad.

Lucas 2, 14

La Navidad

La Navidad comienza a ser un enfado. Compras y compras por todos lados, los comerciantes ven una muy buena forma de explotar a sus semejantes.

La visita a la casa de los parientes de mi esposa la hace peor todavía, ésos que ni siquiera me quieren, pero en esas fechas me hablan muy bien y me dan un abrazo fingido (la hipocresía en toda su magnitud); pero eso sí, cuando llega enero otra vez a criticarme; realmente no debería existir la Navidad.

Ya es tarde y tengo que ir al supermercado a comprar las cosas para la cena, ¡a ver si encuentro algo!

Los comercios están llenos de vagabundos y gente indigente pidiendo limosna por todos lados, y los precios hasta el tope.

Antes de entrar a la tienda, una viejecita me pidió unas monedas y me comentó que tenía dos días sin comer. ¡Si supiera que apenas y me alcanza para comprar mis víveres! Pero a esta señora se le hace fácil pedir.

Después de dos horas de estar formado en el supermercado, ahora me dirijo a casa entre un largo congestionamiento de tráfico.

Para el colmo de los males, saliendo del supermercado se me cae una bolsa con fruta. Una de las manzanas que compré, por casualidad, cayó en las piernas de la viejita que me pidió las monedas, y ésta, a su vez, la recoge y se echa a correr.

¡Ustedes pueden creerlo, se echó a correr!

Rápidamente levanté todo y fui tras de ella.

—Señora, espere, no sea ladrona —grité ante sus oídos pardos.

Cuando me di cuenta, ya habíamos corrido varias cuadras y observé cómo entró a una calle poco agradable. Ahí, en un baldío, vi una casa de cartón y madera en donde entró la viejita.

Presto, me acerqué a su casa a golpear la puerta, pero decidí espiar por la ventana.

Observé como la viejita, cansada y a punto de que le estallara el corazón, se acercó a una cama roída y sucia donde estaba acostado un viejo.

Ella se le acercó y le dijo:

—Viejito, mira lo que me regalaron para que comas antes de celebrar la Navidad.

En ese momento me reproché mi conducta hacia ella y seguí mirando la escena.

Aquel anciano tomó la manzana y dijo:

—No, vieja, come tú, llevas dos días sin hacerlo.

Era verdad lo que decía la anciana y yo no le creía, sólo pensaba en mí y no en aquéllos que necesitaban más que yo.

Y ella contestó:

—Aquel buen hombre, que Dios bendiga, me dio otra manzana y ya me la comí.

¿Cómo una persona podía bendecir a un patán? ¿Cómo podía ofrecer la comida que no tenía a otra persona y sacrificarse tanto?

En ese momento el viejito devoró la manzana, ante los ojos llenos de hambre de aquella mujer.

Una y otra mordida, y en cada una de éstas, juro que vi la felicidad en la anciana. Un estómago vacío no podía ser feliz y, sin embargo, ella lo era.

Cuando el viejo se terminó la manzana, ella lo abrazó y le dijo:

—¡Feliz Navidad, viejo, feliz Navidad!

Las lágrimas brotaron de mi rostro, no comprendía esa escena, como nunca había comprendido la Navidad.

Sólo dije:

—¡Perdóname, Dios!

Tomé mi despensa, toqué la puerta, la dejé fuera de aquella casa y rápidamente me eché a correr.

De lejos escuché y observé como la viejita abrió la puerta, levantó la vista al cielo, dio gracias a Dios y llorando de alegría expresó:

—¡Viejo, mira lo que nos dejaron!

Yo me fui a casa sin nada de lo que compré, pensando en aquella triste y hermosa escena; ya no me fastidiaba el tráfico, no aborrecía la Navidad, ahora quería ver a la familia, a mi esposa e hijos y darles las gracias por tanto afecto.

Esta vez no los llenaría de comida, sino de mucho amor, alegría y felicidad.

Ahora, de vez en cuando, visito a aquellos viejos sin que me observen, les dejo una pequeña sorpresa y doy gracias a Dios porque nos otorgó el regalo de la Navidad.

Enrique Villarreal Aguilar

La Navidad es la época del año donde florecen los sentimientos; es un buen momento para perdonar a otros y a nosotros mismos. Es la etapa donde debemos renovar nuestros sentimientos y almacenar nuestras reservas de afecto, paz y un pensamiento próspero para dosificarlas en el resto del año. Imprégnate en esta epoca de la más exquisita de las fragancias: la del amor.

> La Navidad comenzó en el corazón de Dios. Está completa sólo cuando alcanza el corazón de los hombres.
>
> Anónimo

> La Navidad, hijo mío, es amor en acción. Cada vez que amamos, cada vez que damos, es Navidad.
>
> Dale Evans

> Lo que eres es el regalo de Dios para ti, y lo que haces con lo que eres es tu regalo a Dios.
>
> George Foster

Ese ángel

Refiere una antigua leyenda que un niño próximo a nacer le dijo a Dios:

—Me vas a enviar mañana a la Tierra. Pero, ¿cómo viviré allá, siendo tan pequeño y débil?

—Entre los muchos ángeles, escogí a uno que te espera —contestó Dios.

—Pero aquí en el cielo no hago más que cantar y sonreír y eso basta para mi felicidad. ¿Podré hacerlo allá?

—Ese ángel te cantará y sonreirá todos los días. Y te sentirás muy feliz con sus canciones y sonrisas.

—¿Y cómo entenderé cuando me hablen, si no conozco el extraño idioma de los hombres?

—Ese ángel te hablará y enseñará las palabras más dulces y más tiernas que escuchan los humanos.

—¿Qué haré cuando quiera hablar contigo?

—Ese ángel juntará tus pequeñas manos y te enseñará a orar.

—He oído que en la Tierra hay hombres malos. ¿Quién me defenderá ahí?

—Ese ángel te defenderá, aunque le cueste la vida.

—Pero estaré siempre triste porque no te veré más, Señor. Sin verte, me sentiré muy solo.

—Ese ángel te hablará de mí y te mostrará el camino para volver a mi presencia —le dijo Dios.

En ese instante una paz inmensa reinaba en el cielo. No se oían voces terrestres. El niño decía suavemente:

—Dime su nombre, Señor.

Y Dios le contestó:

—Ese ángel se llama *mamá.*

Anónimo

Existe un ser hermoso al cual se le concedió el don del legado de la vida. Esa persona estará siempre en los momentos más trascendentes de nuestra existencia; de ella, aprenderemos a conocer el amor y la ternura, por ello, se convertirá en un ser imprescindible. Éste es el momento que tenemos para devolverle todo lo que nos ha dado esa preciosa persona que se llama *mamá.*

Una madre logra más que cien maestros.

Proverbio judío

Una madre no es una persona en la que apoyarnos, sino alguien para hacer del apoyo algo innecesario.

Dorothy Canfield Fisher

El amor verdadero empieza ahí, donde no espera nada.

Antoine de Saint–Exupéry

¿Dónde vive Dios?

Caminando por el bosque, una niña se dirigía con su abuelo hacia un pozo. Al encontrarse ahí, extrajeron un poco de agua para beber.

—Abuelo —preguntó la niña—, ¿dónde vive Dios?

El anciano la cargó para sentarla a la orilla del pozo y le dijo:

—Mira al fondo del pozo y dime qué ves.

—Mi reflejo, abuelito —respondió la niña.

—Dios, vive ahí —concluyó el abuelo—, en tu interior.

Anónimo

Dios es parte de ti, porque se encuentra dentro de las fibras más íntimas del corazón. Él está esperando que lo escuches, ábrele las puertas de tu alma y ahí lo encontrarás. Por eso, la Biblia menciona: "He aquí, yo estoy a la puerta y llamo; si alguno oye mi voz y abre la puerta, entraré en él, cenaré con él y él conmigo".

Marchamos al frente de Dios, invocando su bendición y ayuda, pero conscientes de que aquí en la Tierra, la obra de Dios debe ser en realidad la nuestra propia.

JOHN F. KENNEDY

Alégrate en Dios todo el tiempo.

SAN PABLO

Así como el sol exterior y visible alumbra al mundo corporal, así Dios ilumina nuestro interior.

TOMÁS DE AQUINO

¡No te habías dado cuenta!

Un día Dios bajó a la Tierra para visitar a sus hijos. Llegó a la morada modesta y ordenada de un zapatero.

Y dijo:

—He caminado mucho y mis zapatos están rotos y mis pies maltrechos, ¿podrías hacerme unos zapatos? Pero no tengo con qué pagarte.

—Ya estoy cansado de que la gente me pida cosas y no dé nada a cambio. Tengo muchos sueños y no he podido realizarlos porque no tengo dinero— contestó el zapatero.

—¿Qué es lo que necesitas? —preguntó Dios.

El zapatero, sonriendo, contestó:

—Quiero muchos, pero muchos, pesos.

—Yo puedo dártelos, pero a cambio de que me des tus piernas —respondió Dios.

—¿Mis piernas? ¿Cómo podré caminar por el bosque? ¿Cómo podré correr hacia mis hijos? No, no te puedo dar mis piernas.

Dios le dijo:

—Entonces tus brazos.

—¿Cómo podré entonces alimentarme? ¿Cómo podré abrazar a mi mujer? ¿Cómo podré acariciar a mis nietos? No puedo darte mis brazos.

Dios insistió:

—¿Qué te parece si te doy muchos millones por tus ojos?

—Pero así jamás veré un amanecer, no podré ver los ojos de mi amada, disfrutar de la puesta del sol. ¡No, no puedo darte mis ojos!

—¡Ah! —dijo Dios— ¡Mira nada más cuántas riquezas posees y no te habías dado cuenta!

Anónimo

La verdadera riqueza de la vida todos la poseemos y no queremos darnos cuenta. Es hasta que perdemos una parte de nuestro valioso organismo cuando reflexionamos. Luchamos incansablemente por tener una vida opulenta, pero descuidamos una riqueza insustituible: nuestro cuerpo ¿Te habías dado cuenta?

> Conócete a ti mismo y conocerás la verdad.
>
> Sócrates

> Cambia tus pensamientos y cambiarás tu mundo.
>
> Norman Vincent Peale

> Los buenos deseos no bastan,para realizar un mundo mejor, es necesario actuar.
>
> Konosuke Matsushita

Hombre

Cuentan que un ángel no quería que se le protegiera tanto en el cielo, no deseaba que se le facilitara todo sin esforzarse por nada, así que pidió audiencia con Dios.

Dios, un tanto extrañado por esta situación, lo recibió y le manifestó con ternura:

—Hijo mío, he escuchado que quieres hablar conmigo porque deseas ir a la Tierra, trabajar, esforzarte en ganar tus alimentos, convivir con la naturaleza y no quieres recibir nada sin ganártelo; créeme que me siento orgulloso de ti, pero no es necesario que bajes a la Tierra, porque ya me demostraste tu valía.

El ángel insistió:

—Permíteme, Señor, tener esta experiencia y sentir lo que es ganarse el pan con el sudor de la frente. Tener hijos, acariciar a un niño y tener la hermosa sensación de que ese chiquillo me diga *papá*; compartir la vida con una mujer, la cual luchará conmigo en cada etapa de nuestra existencia, y te prometo que todas las noches, en cada comida, mi familia y yo te daremos las gracias por permitirnos vivir tan bellos momentos.

Y Dios señaló:

—Hijo mío, pero te vas a someter a las leyes de la naturaleza, vas a envejecer, tendrás la necesidad de alimentarte, sufrirás de frío, tendrás que vestirte, perderás a muchos de tus seres queridos; recuerda que yo te perdono todo, pero la naturaleza no.

—Señor, sé que tengo que vivir esos instantes, pero quién me va a quitar el precioso recuerdo de unos instantes con mi amada, la satisfacción de tener a mi hijo entre los brazos, de disfrutar un hermoso ocaso solar o un bello crepúsculo o deleitarnos con la naturaleza que tú creaste para nosotros.

Dios sólo sonrió, se enjugó una lágrima y dejó a su hijo partir, pero no sin antes indicarle que, como premio a su valentía, algún día volvería al cielo con Él y, junto con su familia, reinarían los cielos. A ese precioso ángel decidió llamarlo *hombre*.

Enrique Villarreal Aguilar

Tuyos son el reino de los cielos y la naturaleza. Naciste para alcanzar el éxito y lograr tus ideales, pero recuerda que tienes un compromiso: ser feliz; formar una hermosa familia; disfrutar de la naturaleza; ser un digno hijo de Dios, consciente de que tus valores están cimentados sobre la base del perdón, la perseverancia, la honestidad y, sobre todo, el amor. Cuando logres conjuntar esos atributos, te llamarán *hombre*.

> Dejémonos de discutir lo que debe ser un hombre bueno y procuremos serlo.
>
> Marco Aurelio

> El hombre bueno es su propio amigo.
>
> Sófocles

El hombre bueno será siempre libre aunque sea esclavo; el malo será esclavo aunque sea rey.

San Agustín

¿Dónde ocultar a Dios?

Tres sabios recibieron el encargo de ocultar a Dios para que nadie pudiera hallarlo jamás. Decidieron reunirse para discutir la manera de hacerlo.

El primero de ellos sugirió ocultarlo en la más lejana de las estrellas. Sin embargo, el segundo reparó en que quizá sería encontrado ahí por las potentes naves espaciales del futuro. A su vez, propuso que se escondiera en la profundidad de los océanos.

Tras reflexionar un momento, el tercer sabio dijo que también ese remedio sería inútil, porque era probable que en el futuro fuera necesario cultivar alimentos en el fondo del mar para dar de comer a la raza humana, por lo cual Dios sería encontrado.

Así pues, añadió:

El único lugar en que podemos ocultar a Dios para que nadie lo vea jamás es en el interior de cada persona. A nadie se le ocurrirá buscarlo ahí.

Y desde entonces, Dios habita en nuestro interior.

Anónimo

Dios es amor, recuérdalo y consérvalo siempre contigo. Cuando te encuentres afligido, melancólico o incomprendido, relájate y obséquiate unos minutos en silencio; llámale y seguro obtendrás una respuesta que satisfaga aquellos problemas que, aunque parezcan imposibles de solucionar, se resolverán. Recuerda que Dios siempre está contigo, en tu interior.

En todas partes, delante y detrás de nosotros, está Dios.

WHITTIER

Siempre que haya un hueco en tu vida llénalo de amor.

AMADO NERVO

El amor inmaduro dice: Te amo porque te necesito. El amor maduro dice: Te necesito porque te amo.

ERICH FROMM

El sueño de María

Tuve un sueño, José.

No lo pude comprender, realmente no, pero creo que se trataba del nacimiento de nuestro hijo.

La gente estaba haciendo los preparativos con varias semanas de anticipación.

Decoraban las casas y compraban ropa nueva.

Salían de compras muchas veces y adquirían elaborados regalos.

Era muy peculiar, ya que los envolvían con hermosos papeles y los ataban con preciosos moños para colocarlos debajo de un árbol, más bien de una rama tronchada que habían colocado en el interior de su hogar.

Y cuando el día del nacimiento de nuestro hijo llegó, la gente estaba feliz y sonriente. Yo lo estaba también porque creí que estaban celebrando a nuestro hijo.

Todos estaban emocionados, pero era por los regalos que intercambiaban unos con otros.

Y nadie recordó que era el día del natalicio de nuestro hijo, que en ese día lo que él esperaría es el amor entre unos y otros, la reconciliación con quienes haya disputas, pero también que lo recuerden.

En cambio, él sólo recibió olvido y desprecios, ya que ni siquiera mencionaron su nombre.

Estoy contenta porque sólo fue un sueño; pero qué terrible sería si fuera cierto, si nadie recordase y agradeciese a Jesucristo, nuestro hijo, en el día en que nació para ayudar a la humanidad.

Anónimo

Es muy peculiar que constantemente nos olvidemos de lo trascendente e importante, por recordar lo vano e insignificante; aun en nuestras actividades, constantemente nos salimos de nuestros objetivos por no fijarlos correctamente. Encuéntrale sentido a todo lo que hagas, a lo que aspires, a tus festejos, sueños, y ese día tu vida cambiará radicalmente.

> La Navidad, hijo mío, es amor en acción. Cada vez que amamos, cada vez que damos es Navidad.
>
> Dale Evans

> La Navidad comenzó en el corazón de Dios. Está completa sólo cuando alcanza el corazón de los hombres.
>
> Anónimo

> La Navidad no es una época o momento, sino un estado mental. Festejar la paz y la buena voluntad, estar lleno de caridad es tener el verdadero espíritu navideño.
>
> Calvin Coolidge

Escucha a Dios

En una gran tormenta, un hombre le rezaba a Dios para que lo cuidara y manifestaba: "Ayúdame, Señor"; en eso pasó a su lado un granjero con dos caballos y le dijo al hombre:

—Vamos, súbete a uno de mis caballos y refugiémonos en el monte, ahí no nos podrá alcanzar esta inundación.

A lo que el hombre contestó:

—No importa, huye tú. Dios me está cuidando.

Dos días después la lluvia no cesaba y pasó una mujer junto al hombre y le dijo:

—Pobre hombre, la lluvia ya te llega a la mitad del cuerpo, súbete a mi carreta y huyamos de aquí.

A lo que el hombre contestó:

—No importa, huye tú. Dios me está cuidando.

Cinco días después, dos campesinos en una lancha le dijeron al hombre:

—Súbase a nuestra lancha y huyamos de aquí, ¿no ve que el agua ya le llega al rostro y casi se ahoga?

A lo que el hombre contestó:

—No importa, huyan ustedes. Dios me está cuidando.

Después de aquella inundación el hombre muere, se va al cielo y le dice a Dios:

—Señor, yo siempre he sido fiel discípulo tuyo, ¿por qué me abandonaste y permitiste que me ahogara?

A lo que Dios contestó:

—Hijo mío, nunca te abandoné, yo te mandé al granjero y no lo escuchaste; te mandé a la señora y no la escuchaste; te mandé a los campesinos y no los escuchaste y te mandé varios mensajes para que te salvaras, pero fuiste tú el que no los quiso escuchar.

Anónimo

Dios siempre está presente en nuestras vidas. En cualquier momento puede presentarse un mensaje del Señor y debes prepararte para entenderlo. Quizá sea hoy el momento que ha designado Dios para ser un mejor padre, hijo, profesionista, profesional en tu oficio o discípulo de Dios.

> El mejor predicador es el corazón; el mejor maestro es el tiempo; el mejor libro es el mundo; el mejor amigo es Dios.
>
> *El Talmud*

> El perfume y los varios olores recrean el corazón; con los buenos consejos del amigo, se halla el alma en dulzura. No te deshagas de tu amigo ni del amigo de tu padre.
>
> *Proverbio* 27, 9

> La mayoría de las personas gastan más tiempo y energía en hablar de los problemas que en afrontarlos.
>
> Henry Ford

Sobre el autor

Enrique Villarreal Aguilar es conferencista internacional galardonado con cinco estrellas, máxima calidad que se le otorga a un conferencista, licenciado en derecho por la Universidad Nacional Autónoma de México y miembro de Conferencistas y Seminarios, la Red Mundial de Conferencistas y la Asociación Internacional de Conferencistas.

Ha realizado un sinnúmero de diplomados en mercadotecnia, ventas y superación personal por más de 20 años y participado y dirigido gran cantidad de seminarios sobre superación personal, escuela para padres, calidad en el servicio, ventas, excelencia directiva y mercadotecnia donde se ha especializado y obtenido grandes reconocimientos, por lo que es nombrado El maestro de las ventas.

Es creador de las Neuro Ventas y el C Marketing, asesor en mercadotecnia y comercialización de importantes empresas a nivel nacional e internacional y socio director de LAW Editores S.A. de C.V. y del Instituto Superior de Desarrollo Empresarial S.A. de C.V.

Es maestro en alta dirección, miembro de la Asociación Mexicana de la Creatividad y ToastMasters Internacional de oratoria. Por su gran trayectoria ha sido huésped distinguido en varios estados del país, expositor en una gran cantidad de instituciones educativas y asociaciones de gran prestigio en México y el extranjero (colegios de contadores públicos, asociaciones de abogados, la UNAM, Feul Freedom Internacional, Suprema Corte de Justicia de la Nación, etcétera) y nombrado el tercer mejor conferencista de América Latina.

También ha colaborado en varios programas de radio y televisión y ha sido articulista en múltiples y prestigiadas publicaciones.

Su calidad literaria se ha difundido en las principales librerías del mundo y plasmado en obras como *Los pequeños grandes detalles*, *Un espacio en tu corazón* (*bestseller* traducido a varios idiomas y vendido en países como España, Brasil, etcétera), *Instantes de amor*, *El milagro de la vida*, *Momentos mágicos*, *El vuelo de la renovación*, *Los matices de la felicidad*, *El mensaje de Dios*, *El pequeño libro de los grandes hombres de negocios*, *El mercader de Dios* y *Grandeza de ser mujer*. Son más de 600 000 obras vendidas las que avalan su calidad.

Instituto Superior de Desarrollo Empresarial y Humano
Av. Plateros 510-5
Col. Carretas
Querétaro, Querétaro
C.P. 76050
Correo: isdemexico@yahoo.com.mx
Tel: 01 (442) 198 1160
<www.conferencistasyseminarios.com>

Los pequeños grandes detalles

terminó de imprimirse en 2014
en Litográfica Ingramex S. A. de C.V.,
Centeno 162-1, Col Granjas Esmeralda,
Del. Iztapalapa, C.P. 09810, México, D.F.